KB176144

가장 쉬운 Easy and fun!

# 초등 영어 읽기

ONE UNIT A DAY

Michael A. Putlack, Aleen Rim 지음

동양북스

Michael A. Putlack
20년 가까이 어학원 및 대학에서 아동부터 성인에 이르는 한국 학생들에게 영어를 가르치셨습니다. 현재는 폭넓은 교육 경험을 기반으로 다양한 영어 교재를 집필하고 계십니다.

Aleen Rim
시드니 대학교에서 TESOL 석사 학위를 취득하셨습니다. 성공적인 영어 학습의 비결은 다양한 공부법을 접하는 것보다는 끈기와 자신감이라고 생각하십니다.

가장 쉬운 Easy and fun!

# 초등 영어 읽기

ONE UNIT A DAY

하루 한 장의 기적

초판 2쇄 2021년 6월 25일

지은이 Michael A. Putlackm · Aleen Rim | 발행인 김태웅 | 기획·편집 황준 | 마케팅 총괄 나재승 | 제작 현대순

발행처 (주)동양북스 | 등록 제 2014-000055호 | 주소 서울시 마포구 동교로 22길 14 (04030) |
구입 문의 전화 (02)337-1737 | 내용 문의 전화 (02)337-1763 dybooks2@gmail.com | 팩스 (02)334-6624

ISBN 979-11-5768-658-2 63740

° 본 책은 Amazing Reading Series를 기반으로 개발되었습니다.

# 머리말

영어 읽기, 어휘력이 먼저일까? 문법이 먼저일까? 많이 읽는 것이 중요할까? 제대로 이해하는 것이 중요할까? 대부분의 선생님이나 부모님이 가장 궁금해하는 질문입니다. 영어 학습법은 셀 수 없이 많고, 선생님의 교수법도 학생의 학습법도 저마다 다릅니다. 모두에게 통하는 정답은 없습니다. 다만 '영어 읽기'라는 마라톤에서 중요한 건 무엇보다 '할 만하다'는 자신감을 심어주는 일입니다.

## 부담 없이 읽기

단어를 많이 알면 물론 영어 읽기에 도움이 됩니다. 한 문장을 막힘없이 읽을 수 있으면 더 긴 글도 곧잘 읽게 되고, 이 훈련이 반복되면 읽기 유창성(Reading Fluency)도 저절로 높아집니다. 하지만 아이들은 기계적인 문제 풀이 방식의 영단어 학습법에 금세 싫증을 내기 쉽습니다. 본서는 리딩에 앞서 영단어에 먼저 익숙해진 후 문장과 글을 접하며 단어에 자연스레 반복 노출될 수 있도록 구성돼 있어 학습 부담을 덜어줍니다.

## 자신 있게 읽기

자전거를 처음 배우는 아이는 보조 바퀴의 도움으로 자신감을 키웁니다. 도움을 주는 장치가 있다는 생각에 페달을 더욱 힘차게 구르지요. 본서에도 이 '보조 바퀴'가 있습니다. 하나의 글을 세 개의 덩어리로 나누어 읽다 보면 아이들도 글 읽기를 어려워하지 않고 어느새 자신감을 얻게 됩니다.

## 재미있게 읽기

읽기에 재미를 느끼려면 흥미를 돋워줄 재미난 소재의 글로 시작하는 것이 좋습니다. 본서에는 흥미로운 실화를 수준에 알맞은 단어로 재구성한 글이 제시돼 있어 아이들이 지루함을 느낄 새 없이 읽기와 친해질 수 있습니다.

서른 개의 이야기를 찬찬히 읽어나가며 영어에 흥미를 느끼고 더불어 자신감도 높일 수 있는 계기가 될 수 있기를 바랍니다.

# 나의 학습 계획표

| Week | Story | Day / Check | | |
|---|---|---|---|---|
| 1 | Monkey Sailors | 1 ☑ | 2 ☐ | 3 ☐ |
| 2 | Elephant Ears | 1 ☐ | 2 ☐ | 3 ☐ |
| 3 | Living Lawnmowers | 1 ☐ | 2 ☐ | 3 ☐ |
| 4 | The Never-Ending Fire | 1 ☐ | 2 ☐ | 3 ☐ |
| 5 | Penguins' Best Friends | 1 ☐ | 2 ☐ | 3 ☐ |
| 6 | Biking out of Prison | 1 ☐ | 2 ☐ | 3 ☐ |
| 7 | Harmless Cyborg | 1 ☐ | 2 ☐ | 3 ☐ |
| 8 | A Perfect Work of Art | 1 ☐ | 2 ☐ | 3 ☐ |
| 9 | Jumping on Water | 1 ☐ | 2 ☐ | 3 ☐ |
| 10 | The Toughest Monkey | 1 ☐ | 2 ☐ | 3 ☐ |
| 11 | The Sleeping Mathematician | 1 ☐ | 2 ☐ | 3 ☐ |
| 12 | The Boy Who Didn't Give Up | 1 ☐ | 2 ☐ | 3 ☐ |
| 13 | Flying Dogs | 1 ☐ | 2 ☐ | 3 ☐ |
| 14 | The Dancing Spider | 1 ☐ | 2 ☐ | 3 ☐ |
| 15 | The Music Thief | 1 ☐ | 2 ☐ | 3 ☐ |

| Week | Story | Day / Check | | |
|---|---|---|---|---|
| 16 | An Odd Couple | 1 ☐ | 2 ☐ | 3 ☐ |
| 17 | How to Train a Lizard | 1 ☐ | 2 ☐ | 3 ☐ |
| 18 | Twins... But Different | 1 ☐ | 2 ☐ | 3 ☐ |
| 19 | A Vault in the Middle of Nowhere | 1 ☐ | 2 ☐ | 3 ☐ |
| 20 | A Bear Named Winnie | 1 ☐ | 2 ☐ | 3 ☐ |
| 21 | Man's Best Friend | 1 ☐ | 2 ☐ | 3 ☐ |
| 22 | The Will to Live | 1 ☐ | 2 ☐ | 3 ☐ |
| 23 | A Special Party in San Francisco | 1 ☐ | 2 ☐ | 3 ☐ |
| 24 | Moby-Dick | 1 ☐ | 2 ☐ | 3 ☐ |
| 25 | I've Got a Bridge to Sell You | 1 ☐ | 2 ☐ | 3 ☐ |
| 26 | Mike the Incredible Bird | 1 ☐ | 2 ☐ | 3 ☐ |
| 27 | A Really Big Appetite | 1 ☐ | 2 ☐ | 3 ☐ |
| 28 | The True Olympic Spirit | 1 ☐ | 2 ☐ | 3 ☐ |
| 29 | What's Tougher Than a Shark? | 1 ☐ | 2 ☐ | 3 ☐ |
| 30 | The Robot Cockroach | 1 ☐ | 2 ☐ | 3 ☐ |

# 이 책의 구성과 학습법

❶ 제목을 소리 내서 읽어보며 어떤 이야기가 펼쳐질지 머릿속에 그려 보세요.

❷ 이야기에 등장하는 단어를 눈으로 익혀 보세요.

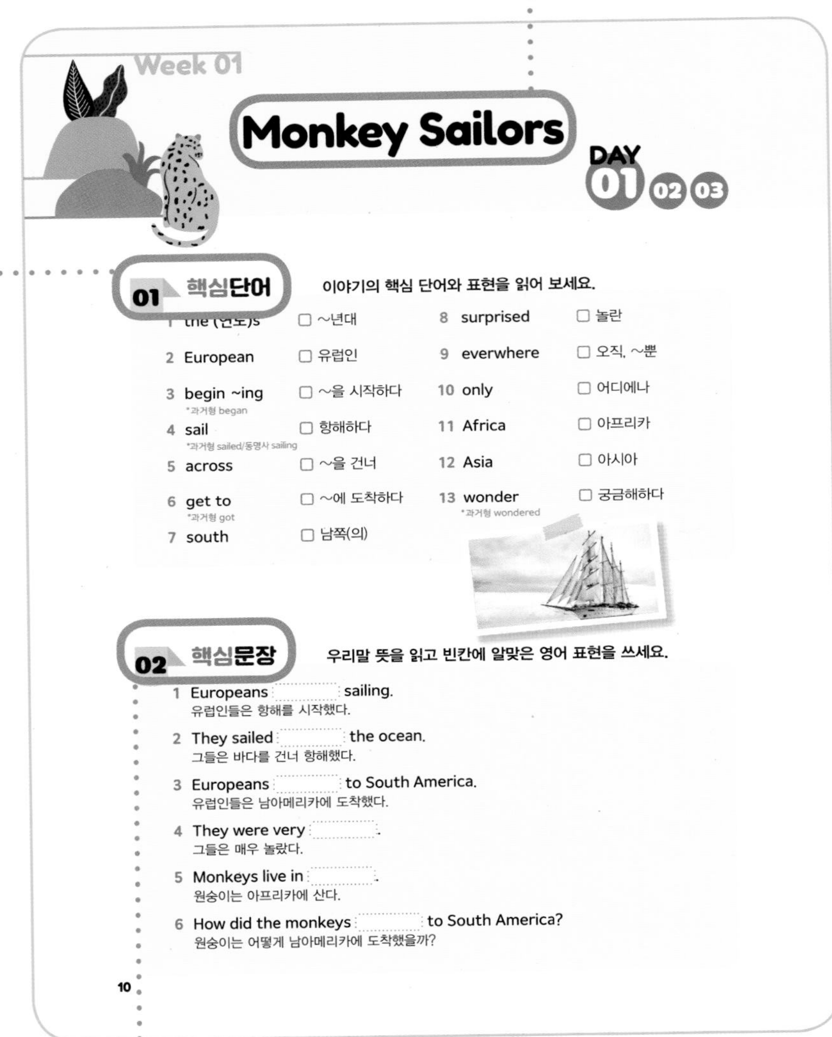

Week 01
Monkey Sailors
DAY 01 02 03
01 핵심단어 이야기의 핵심 단어와 표현을 읽어 보세요.
1 the (연도)s ~년대
2 European 유럽인
3 begin ~ing ~을 시작하다
*과거형 began
4 sail 항해하다
*과거형 sailed/동명사 sailing
5 across ~을 건너
6 get to ~에 도착하다
*과거형 got
7 south 남쪽(의)
8 surprised 놀란
9 everwhere 오직, ~뿐
10 only 어디에나
11 Africa 아프리카
12 Asia 아시아
13 wonder 궁금해하다
*과거형 wondered
02 핵심문장 우리말 뜻을 읽고 빈칸에 알맞은 영어 표현을 쓰세요.
1 Europeans sailing.
유럽인들은 항해를 시작했다.
2 They sailed the ocean.
그들은 바다를 건너 항해했다.
3 Europeans to South America.
유럽인들은 남아메리카에 도착했다.
4 They were very .
그들은 매우 놀랐다.
5 Monkeys live in .
원숭이는 아프리카에 산다.
6 How did the monkeys to South America?
원숭이는 어떻게 남아메리카에 도착했을까?
10

❸ 이야기를 세세하게 나누어 제시한 문장을 읽고 문장의 기본 뼈대와 해석을 확인한 후 앞서 익힌 영단어를 써넣어 문장을 완성해 보세요.

4 자, 이제 오늘의 이야기를 읽어볼까요? 글을 한 줄씩 읽고 차근차근 해석해보세요. 잘 모르겠다면 앞에서 익힌 단어와 문장을 한 번 더 확인해 보세요.

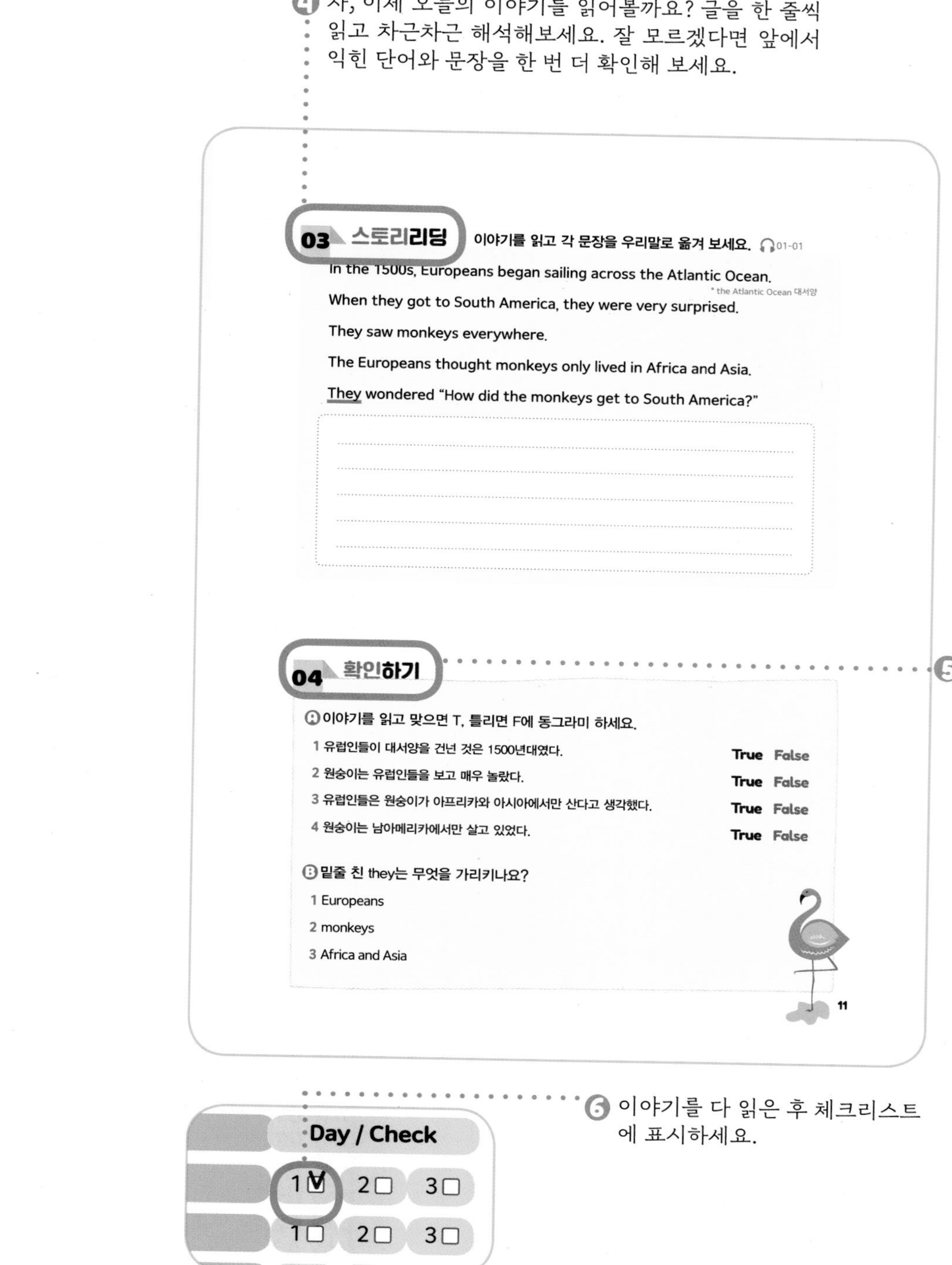

03 스토리리딩 이야기를 읽고 각 문장을 우리말로 옮겨 보세요. 01-01

In the 1500s, Europeans began sailing across the Atlantic Ocean.
* the Atlantic Ocean 대서양

When they got to South America, they were very surprised.

They saw monkeys everywhere.

The Europeans thought monkeys only lived in Africa and Asia.

They wondered "How did the monkeys get to South America?"

04 확인하기

A 이야기를 읽고 맞으면 T, 틀리면 F에 동그라미 하세요.

1 유럽인들이 대서양을 건넌 것은 1500년대였다. True False
2 원숭이는 유럽인들을 보고 매우 놀랐다. True False
3 유럽인들은 원숭이가 아프리카와 아시아에서만 산다고 생각했다. True False
4 원숭이는 남아메리카에서만 살고 있었다. True False

B 밑줄 친 they는 무엇을 가리키나요?

1 Europeans
2 monkeys
3 Africa and Asia

11

5 이야기를 잘 이해했는지 문제를 풀며 확인해 보세요.

6 이야기를 다 읽은 후 체크리스트에 표시하세요.

Day / Check

1 ☑ 2 ☐ 3 ☐

1 ☐ 2 ☐ 3 ☐

# Contents

# Monkey Sailors

## 01 핵심단어 이야기의 핵심 단어와 표현을 읽어 보세요.

1 the (연도)s ☐ ~년대
2 European ☐ 유럽인
3 begin ~ing ☐ ~을 시작하다
*과거형 began
4 sail ☐ 항해하다
*과거형 sailed/동명사 sailing
5 across ☐ ~을 건너
6 get to ☐ ~에 도착하다
*과거형 got
7 south ☐ 남쪽(의)
8 surprised ☐ 놀란
9 everwhere ☐ 어디에나
10 only ☐ 오직, ~뿐
11 Africa ☐ 아프리카
12 Asia ☐ 아시아
13 wonder ☐ 궁금해하다
*과거형 wondered

## 02 핵심문장 우리말 뜻을 읽고 빈칸에 알맞은 영어 표현을 쓰세요.

1 Europeans ______ sailing.
유럽인들은 항해를 시작했다.

2 They sailed ______ the ocean.
그들은 바다를 건너 항해했다.

3 Europeans ______ to South America.
유럽인들은 남아메리카에 도착했다.

4 They were very ______.
그들은 매우 놀랐다.

5 Monkeys live in ______.
원숭이는 아프리카에 산다.

6 How did the monkeys ______ to South America?
원숭이는 어떻게 남아메리카에 도착했을까?

## 03 스토리리딩 이야기를 읽고 각 문장을 우리말로 옮겨 보세요. 01-01

In the 1500s, Europeans began sailing across the Atlantic Ocean.

* the Atlantic Ocean 대서양

When they got to South America, they were very surprised.

They saw monkeys everywhere.

The Europeans thought monkeys only lived in Africa and Asia.

They wondered "How did the monkeys get to South America?"

## 04 확인하기

**A** 이야기를 읽고 맞으면 T, 틀리면 F에 동그라미 하세요.

1 유럽인들이 대서양을 건넌 것은 1500년대였다. **True** **False**

2 원숭이는 유럽인들을 보고 매우 놀랐다. **True** **False**

3 유럽인들은 원숭이가 아프리카와 아시아에서만 산다고 생각했다. **True** **False**

4 원숭이는 남아메리카에서만 살고 있었다. **True** **False**

**B** 밑줄 친 they는 무엇을 가리키나요?

1 Europeans

2 monkeys

3 Africa and Asia

# Monkey Sailors

## 01 핵심단어 이야기의 핵심 단어와 표현을 읽어 보세요.

1 scientist ☐ 과학자

2 believe ☐ 믿다
*과거형 believed

3 answer ☐ 답, 해답

4 there is[are] ~ ☐ ~이/가 있다
*과거형 was[were]

5 storm ☐ 폭풍

6 knock ☐ 넘어뜨리다
*과거형 knocked

7 into ☐ ~안으로

8 sink ☐ 가라앉다, 침몰하다
*과거형 sank

9 instead ☐ 그 대신

10 float ☐ (물 위에) 뜨다
*과거형 floated

## 02 핵심문장 우리말 뜻을 읽고 빈칸에 알맞은 영어 표현을 쓰세요.

1 Scientists ______ it.
과학자들은 그것을 믿는다.

2 They know the ______.
그들은 답을 알고 있다.

3 There was a ______.
폭풍이 있었다.

4 It ______ some trees.
그것은 나무 몇 그루를 쓰러뜨렸다.

5 Trees don't ______.
나무는 가라앉지 않는다.

6 Trees ______.
나무는 (물 위에) 뜬다.

## 03 스토리리딩 이야기를 읽고 각 문장을 우리말로 옮겨 보세요. 01-02

Scientists believe they know the answer.

The monkeys sailed across the Atlantic Ocean.

There was a storm in Africa. It knocked some trees into the ocean.

The trees didn't sink. Instead, they floated.

There were monkeys in these trees.

## 04 확인하기

Ⓐ 이야기를 읽고 맞으면 T, 틀리면 F에 동그라미 하세요.

1 과학자들은 답을 찾지 못했다. **True** **False**

2 원숭이는 대서양을 항해했다. **True** **False**

3 폭풍으로 나무가 쓰러져 바다에 빠졌다. **True** **False**

4 나무가 물속으로 깊게 가라앉았다. **True** **False**

Ⓑ 물에 빠진 나무에는 무엇이 있었나요?

1 monkeys

2 scientists

3 Europeans

# Monkey Sailors

## 01 핵심단어 이야기의 핵심 단어와 표현을 읽어 보세요.

| | | | | | |
|---|---|---|---|---|---|
| 1 | week | □ 주, 일주일 | 8 | around | □ 약, ~쯤 |
| 2 | later | □ 나중에, 후에 | 9 | million | □ 100만 |
| 3 | reach<br>*과거형 reached | □ 도착하다 | 10 | ago | □ ~전에 |
| 4 | land | □ 땅, 육지 | 11 | mean<br>*과거형 meant | □ 뜻하다 |
| 5 | similar to | □ ~와 비슷한 | 12 | discover<br>*과거형 discovered | □ 발견하다 |
| 6 | well | □ 잘 | 13 | long before | □ 훨씬 이전에 |
| 7 | happen<br>*과거형 happened | □ (일이) 일어나다 | | | |

## 02 핵심문장 우리말 뜻을 읽고 빈칸에 알맞은 영어 표현을 쓰세요.

1 Two ______s later, they reached America.
2주 후 그들은 아메리카에 도착했다.

2 It was ______ to Africa.
그것은 아프리카와 비슷했다.

3 Monkeys lived ______.
원숭이는 잘 살았다.

4 This ______ around 10 years ago.
이것은 약 10년 전에 일어났다.

5 They ______ the land.
그들은 그 땅을 발견했다.

6 It means they discovered it ______ before he did.
그것은 그들이 그가 하기 훨씬 이전에 그것을 발견했다는 것을 뜻한다.

## 03 스토리리딩

이야기를 읽고 각 문장을 우리말로 옮겨 보세요. 01-03

The trees and the monkeys sailed on the ocean.

Two weeks later, they reached South America.

<u>The land</u> was similar to Africa. So the monkeys lived well.

This happened around 40 million years ago.

That means monkeys discovered America long before Christopher Columbus did.

* Christopher Columbus 크리스토퍼 콜럼버스; 이탈리아 출신의 탐험가

## 04 확인하기

Ⓐ 이야기를 읽고 맞으면 T, 틀리면 F에 동그라미 하세요.

1 원숭이는 나무를 타고 대서양을 건넜다. True False

2 아프리카와 남아메리카의 땅은 전혀 달랐다. True False

3 원숭이가 아프리카에 온 것은 약 4백만 년 전이다. True False

4 콜럼버스보다 원숭이가 남아메리카에 먼저 도착했다. True False

Ⓑ 밑줄 친 the land는 무엇을 가리키나요?

1 Europe

2 South America

3 Africa

Week 02

# Elephant Ears

## 01 핵심단어 이야기의 핵심 단어와 표현을 읽어 보세요.

1 watch ☐ 보다, 관찰하다
*과거형 watched

2 be going to ~ ☐ ~할 것이다

3 rain ☐ 비가 오다
*과거형 rained/동명사 raining

4 soon ☐ 곧, 금방

5 start ~ing ☐ ~하기 시작하다
*과거형 started

6 heavily ☐ 심하게, 세게

7 a few ☐ 수개의, 약간의

8 move ☐ 움직이다
*과거형 moved

9 walk ☐ 걷다
*과거형 walked

10 far ☐ 멀리

11 another ☐ 다른, 또 하나의
*과거형 followed

12 follow ☐ 따라가다

13 strange ☐ 이상한, 묘한

## 02 핵심문장 우리말 뜻을 읽고 빈칸에 알맞은 영어 표현을 쓰세요.

1 The scientists ______ elephants.
과학자들은 코끼리를 관찰했다.

2 It's ______ to rain.
비가 올 것이다.

3 It started ______.
비가 내리기 시작했다.

4 A few days later, the elephants ______.
며칠 후에 코끼리가 이동했다.

5 They walked to ______ place.
그들은 또 다른 곳으로 걸어갔다.

6 The scientists ______ elephants.
과학자들은 코끼리를 따라갔다.

## 03 스토리리딩 이야기를 읽고 각 문장을 우리말로 옮겨 보세요. 02-01

The scientists watched the elephants.

"It's going to rain," said one. Soon, it started raining heavily.

A few days later, the elephants moved. They walked far to another place.

The scientists followed the elephants.

"That's strange," said another scientist. "It's going to rain here soon, too."

## 04 확인하기

**A** 이야기를 읽고 맞으면 T, 틀리면 F에 동그라미 하세요.

1 과학자들은 코끼리를 관찰했다. True False

2 코끼리가 있는 곳에 많은 눈이 내렸다. True False

3 몇 달 뒤 코끼리가 이동했다. True False

4 코끼리를 따라 과학자들도 이동했다. True False

**B** 밑줄 친 one은 무엇을 가리키나요?

1 a scientist

2 an elephant

3 a day

Week 02

# Elephant Ears

## 01 핵심단어 이야기의 핵심 단어와 표현을 읽어 보세요.

1 notice □ 알아차리다
*과거형 noticed
2 something □ 무언가
3 interesting □ 흥미로운
4 move to ~ □ ~로 옮기다
5 often □ 종종
6 travel □ 이동하다
*과거형 traveled
7 more than ~ □ ~보다 더
8 kilometer □ 킬로미터(km)
9 find □ 발견하다
*과거형 found
10 will □ ~할 것이다

## 02 핵심문장 우리말 뜻을 읽고 빈칸에 알맞은 영어 표현을 쓰세요.

1 Scientists noticed something ______.
과학자들은 무언가 흥미로운 점을 알아차렸다.

2 Elephants ______ to new places.
코끼리는 새로운 곳으로 이동했다.

3 It ______ rained.
종종 비가 왔다.

4 Elephants traveled ______ than 2000 kilometers.
코끼리는 2000킬로미터 이상 이동했다.

5 They always ______ rain.
그들은 항상 비를 발견했다.

6 How do elephants know where it ______ rain?
어떻게 코끼리는 어디에 비가 내릴지 아는 걸까?

## 03 스토리리딩

이야기를 읽고 각 문장을 우리말로 옮겨 보세요. 02-02

Scientists in Namibia, Africa, noticed something interesting about elephants.

When elephants moved to new places, it often rained.

The elephants sometimes traveled more than 200 kilometers.

But they always found rain.

How do elephants know where it will rain?

## 04 확인하기

Ⓐ 이야기를 읽고 맞으면 T, 틀리면 F에 동그라미 하세요.

1 과학자들은 아프리카 코끼리에 관한 흥미로운 점을 알게 됐다. True False

2 과학자들은 아프리카에 관해 흥미로운 것을 발견했다. True False

3 코끼리는 200km 이상 이동하기도 했다. True False

4 코끼리가 옮겨간 곳에는 늘 비가 왔다. True False

Ⓑ 밑줄 친 traveled와 의미가 비슷한 말은 무엇인가요?

1 found

2 moved

3 noticed

# Elephant Ears

## 01 핵심단어 이야기의 핵심 단어와 표현을 읽어 보세요.

1 use *과거형 used ☐ 사용하다

2 huge ☐ 거대한

3 either… or ~ ☐ …든 아니면 ~든

4 thunder ☐ 천둥

5 up to ~ ☐ ~까지

6 away ☐ 떨어진 (곳에)

7 low ☐ 낮은

8 sound ☐ 소리

9 want *과거형 wanted ☐ 원하다

10 next ☐ 그 다음에, 다음의

11 show *과거형 showed ☐ 보여주다

## 02 핵심문장 우리말 뜻을 읽고 빈칸에 알맞은 영어 표현을 쓰세요.

1 They use their ______ ears.
그들은 거대한 귀를 이용한다.

2 They can hear ______ this or that.
그들은 이것 아니면 저것을 들을 수 있다.

3 They can hear ______ sounds.
그들은 낮은 소리를 들을 수 있다.

4 ______s make low sounds.
폭풍은 낮은 소리를 만들어낸다.

5 Do you want to know where it's going to rain ______?
다음에는 어디에 비가 내릴지 알고 싶은가?

6 They will ______ you.
그들이 당신에게 보여줄 것이다.

## 03 스토리리딩

이야기를 읽고 각 문장을 우리말로 옮겨 보세요. 02-03

Scientists believe elephants use their huge ears.

They can either hear thunder up to 250 kilometers away.

Or they can hear low sounds that storms make.

Do you want to know where it's going to rain next?

Just follow some elephants. They will show you.

## 04 확인하기

**A** 이야기를 읽고 맞으면 T, 틀리면 F에 동그라미 하세요.

1 과학자들은 코끼리가 큰 귀로 소리를 듣는다고 믿는다. **True** **False**

2 코끼리는 먼 천둥소리나 낮은 폭풍 소리를 들을 수 있다. **True** **False**

3 코끼리는 250킬로미터 떨어진 곳까지 이동한다. **True** **False**

4 코끼리를 따라가면 비가 내릴 곳을 알 수 있다. **True** **False**

**B** 밑줄 친 they는 무엇을 가리키나요?

1 scientists

2 storms

3 elephants

Week 03

# Living Lawnmowers

## 01 핵심단어 이야기의 핵심 단어와 표현을 읽어 보세요.

1 answer ☐ (전화를) 받다

2 cut ☐ 자르다, 깎다
*과거형 cut

3 grass ☐ 잔디

4 there ☐ 그곳에, 거기에

5 tomorrow ☐ 내일

6 hang up ☐ (전화를) 끊다
*과거형 hung

7 drive to ~ ☐ (차를) 몰고 ~에 가다
*과거형 drove

8 truck ☐ 트럭

9 park ☐ 공원

10 get out ☐ 나오다
*과거형 got

11 back ☐ 뒤의

## 02 핵심문장 우리말 뜻을 읽고 빈칸에 알맞은 영어 표현을 쓰세요.

1 He answers the phone. Then, he ______s up the phone.
그가 전화를 받는다. 그러고 나서 전화를 끊는다.

2 We can ______ your grass.
우리가 당신의 잔디를 깎을 수 있다.

3 We will be there ______.
우리가 내일 그곳에 갈 것이다.

4 He drives his ______ to a park.
그는 트럭을 몰고 공원에 간다.

5 He gets ______.
그가 (차에서) 내린다.

6 He opens the ______ door.
그가 뒷문을 연다.

## 03 스토리읽기

이야기를 읽고 각 문장을 우리말로 옮겨 보세요. 03-01

Don Watson answers the phone. "Yes," he says.

"We can cut your grass. We'll be there tomorrow."

Then, he hangs up the phone.

The next day, Watson drives his truck to a park.

He gets out and opens the back door.

## 04 확인하기

Ⓐ 이야기를 읽고 맞으면 T, 틀리면 F에 동그라미 하세요.

1 돈 왓슨은 잔디 깎는 일을 한다. True False

2 돈 왓슨은 이메일로 일거리를 받는다. True False

3 돈 왓슨이 약속을 잡은 날은 내일이다. True False

4 돈 왓슨은 트럭을 운전한다. True False

Ⓑ 돈 왓슨은 잔디를 깎으러 어디로 갔나요?

1 school

2 park

3 church

# Living Lawnmowers

## 01 핵심단어 이야기의 핵심 단어와 표현을 읽어 보세요.

1 lawnmower ☐ 잔디 깎는 기계

2 sheep ☐ 양

3 lots of ~ ☐ 수많은 ~

4 let ~ out ☐ ~을 내보내다
*과거형 let

5 after ☐ ~ 후에

6 while ☐ 잠시 동안

7 finish ~ing ☐ ~을 끝마치다
*과거형 finished

8 shorter ☐ 더 짧은

9 put ☐ 놓다, 넣다
*과거형 put

## 02 핵심문장 우리말 뜻을 읽고 빈칸에 알맞은 영어 표현을 쓰세요.

1 What's in there ? It's lots of ______.
거기에 무엇이 들어 있을까? 그것은 수많은 양이다.

2 He lets the sheep ______.
그는 양을 내보낸다.

3 They start eating the ______.
그들은 풀을 먹기 시작한다.

4 After a while, they ______ eating.
잠시 후 그들은 먹는 것을 끝낸다.

5 Grass is ______.
잔디는 더 짧다.

6 He ______ the sheep in the truck.
그는 양을 트럭에 넣는다.

## 03 스토리읽기

이야기를 읽고 각 문장을 우리말로 옮겨 보세요. 03-02

What's in there? It's not a lawnmower.

It's sheep. It's lots and lots of sheep.

Watson lets the sheep out. They start eating the grass.

After a while, the sheep finish eating. The grass is shorter now.

Watson puts the sheep in the truck and goes home.

## 04 확인하기

**A** 이야기를 읽고 맞으면 T, 틀리면 F에 동그라미 하세요.

1 트럭 안에는 잔디 깎는 기계와 양이 많이 있다. True False

2 돈 왓슨은 양을 잔디에 풀어놓는다. True False

3 잠시 후에 공원 잔디는 더 짧아진다. True False

4 그는 양을 공원에 두고 집으로 돌아간다. True False

**B** 돈 왓슨은 무엇을 이용해 잔디를 깎았나요?

1 his lawnmower

2 his sheep

3 his truck

# Living Lawnmowers

## 01 핵심단어 이야기의 핵심 단어와 표현을 읽어 보세요.

1 get into ~ ☐ ~을 하게 되다
2 grass-cutting ☐ 잔디 깎이의
3 business ☐ 비즈니스, 사업
4 one day ☐ 어느 날
5 neighbor ☐ 이웃
6 yard ☐ 마당
7 grapevine ☐ 포도 덩굴
8 call ☐ 전화하다
*과거형 called
9 angry ☐ 화난
10 come back ☐ 돌아오다
*과거형 came
11 think ☐ 생각하다
*과거형 thought

## 02 핵심문장 우리말 뜻을 읽고 빈칸에 알맞은 영어 표현을 쓰세요.

1 How did he ______ into the business?
그는 어떻게 그 사업을 하게 되었나?

2 Sheep went into his neighbor's ______.
양이 그의 이웃집 마당에 들어갔다.

3 The neighbor ______ him.
이웃 사람이 그에게 전화했다.

4 He was not ______.
그는 화내지 않았다.

5 He wanted the sheep to come ______.
그는 양이 돌아오길 원했다.

6 He ______s the sheep are great lawnmowers.
그는 양이 훌륭한 잔디 깎기라고 생각한다.

## 03 스토리읽기 이야기를 읽고 각 문장을 우리말로 옮겨 보세요. 03-03

How did Watson get into the grass-cutting business?

One day, his sheep went into his neighbor's yard. They ate some grapevines.

Later, the neighbor called Watson.

He wasn't angry. He wanted the sheep to come back.

He thought the sheep were great lawnmowers.

## 04 확인하기

Ⓐ 이야기를 읽고 맞으면 T, 틀리면 F에 동그라미 하세요.

1 돈 왓슨이 양을 데리고 이웃집에 갔다. True False

2 양 때문에 이웃은 매우 화가 났다. True False

3 이웃은 양이 돌아오길 원했다. True False

4 이웃은 양이 훌륭한 잔디깎이라고 생각했다. True False

Ⓑ 왓슨의 양은 이웃집에서 무엇을 먹었나요?

1 grapevines

2 grass

3 grapes

Week 04

# The Never-Ending Fire

## 01 핵심단어 이야기의 핵심 단어와 표현을 읽어 보세요.

1 hunter ☐ 사냥꾼

2 forest ☐ 숲

3 stop to ~ ☐ ~하려고 멈추다
*과거형 stopped

4 rest ☐ 쉬다
*과거형 rested

5 smell ☐ 냄새를 맡다
*과거형 smelled

6 like ☐ ~ 같은

7 gas ☐ 가스

8 take out ☐ ~을 꺼내다
*과거형 took

9 match ☐ 성냥

10 light ☐ 불을 붙이다
*과거형 lit

11 throw ☐ 던지다
*과거형 threw

12 ground ☐ 땅

13 suddenly ☐ 갑자기

## 02 핵심문장 우리말 뜻을 읽고 빈칸에 알맞은 영어 표현을 쓰세요.

1 ______s were walking in a forest.
사냥꾼들이 숲속을 걷고 있었다.

2 They stopped to ______.
그들은 쉬기 위해 멈추었다.

3 The air smells ______ gas.
공기에서 가스 같은 냄새가 난다.

4 He ______ out a match. He lit it.
그는 성냥을 꺼냈다. 그는 그것에 불을 붙였다.

5 He ______ the match on the ground.
그는 땅에 성냥을 던졌다.

6 ______ a fire started.
갑자기 불이 났다.

## 03 스토리리딩

이야기를 읽고 각 문장을 우리말로 옮겨 보세요. 04-01

Two hunters were walking in a forest. They stopped to rest.

One of the hunters smelled the air. "It smells like gas," he said.

He took out a match. Then, he lit it.

He said, "I wonder what will happen..."

He threw the match on the ground. Suddenly, a fire started.

## 04 확인하기

Ⓐ 이야기를 읽고 맞으면 T, 틀리면 F에 동그라미 하세요.

1 세 명의 사냥꾼이 숲속을 걷고 있었다. True False

2 한 사냥꾼이 성냥 냄새를 맡았다. True False

3 한 사냥꾼이 성냥에 불을 붙였다. True False

4 한 사냥꾼이 불이 붙은 성냥을 땅에 던졌다. True False

Ⓑ 마지막 문장에서 알 수 있는 것은 무엇인가요?

1 사냥꾼이 던진 성냥불이 나무에 붙었다.

2 사냥꾼들이 식사를 하기 위해 불을 붙였다.

3 땅에서 가스가 새어 나오고 있었다.

Week 04

# The Never-Ending Fire

## 01 핵심단어 이야기의 핵심 단어와 표현을 읽어 보세요.

1 New Zealand ☐ 뉴질랜드

2 fortunately ☐ 다행히, 운 좋게

3 catch on fire ☐ 불붙다
*과거형 caught

4 small ☐ 작은

5 burn ☐ 타다, 태우다
*과거형 burned

6 today ☐ 현재는, 오늘날에는

7 still ☐ 아직도, 여전히

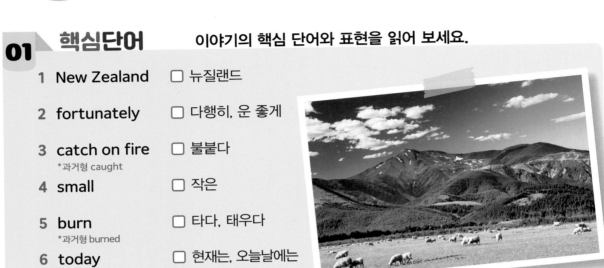

## 02 핵심문장 우리말 뜻을 읽고 빈칸에 알맞은 영어 표현을 쓰세요.

1 This happened in ______.
이것은 뉴질랜드에서 일어났다.

2 The forest didn't ______ on fire.
숲에는 불이 붙지 않았다.

3 Something interesting ______.
흥미로운 일이 일어났다.

4 A small fire started ______.
작은 불이 타기 시작했다.

5 It ______.
그것은 탔다.

6 It's ______ burning.
그것은 아직도 타고 있다.

## 03 스토리리딩

이야기를 읽고 각 문장을 우리말로 옮겨 보세요. 04-02

This happened in New Zealand, in the 1920s.

Fortunately, the forest didn't catch on fire.

But something interesting happened.

A small fire started burning. It burned and burned and burned.

Today, it's still burning.

## 04 확인하기

Ⓐ 이야기를 읽고 맞으면 T, 틀리면 F에 동그라미 하세요.

1 최근 뉴질랜드에서 있었던 일이다. True False

2 다행히도 산불은 나지 않았다. True False

3 작은 불이 계속 타올랐다. True False

4 마침내 그 불은 꺼졌다. True False

Ⓑ 밑줄 친 it은 무엇을 가리키나요?

1 a small fire

2 New Zealand

3 the forest

# The Never-Ending Fire

## 01 핵심단어 이야기의 핵심 단어와 표현을 읽어 보세요.

1 natural gas ☐ 천연가스

2 leak ☐ 새다
*과거형 leaked

3 from ☐ ~에서

4 if ☐ 만약 ~한다면

5 go camping ☐ 캠핑을 가다
*과거형 went

6 in the future ☐ 미래에

7 won't(= will not) ☐ ~하지 않을 것이다

8 need to ☐ ~해야 한다
*과거형 needed

9 campfire ☐ 모닥불

10 already ☐ 이미

## 02 핵심문장 우리말 뜻을 읽고 빈칸에 알맞은 영어 표현을 쓰세요.

1 There is ______ gas in the forest.
그 숲속에는 천연가스가 있다.

2 Some gas leaks ______ the ground.
일부 가스가 땅에서 새어 나온다.

3 It ______s the natural gas.
그것은 천연가스를 태운다.

4 You go ______ there.
당신은 그곳으로 캠핑을 간다.

5 You won't need to start a ______.
당신은 모닥불을 피울 필요가 없을 것이다.

6 One is ______ burning there.
그곳에 이미 하나가 타고 있다.

## 03 스토리리딩

이야기를 읽고 각 문장을 우리말로 옮겨 보세요. 04-03

There is natural gas in the forest.

Some gas leaks from the ground.

The fire burns the natural gas.

If you go camping there in the future, you won't need to start a campfire.

One is already burning there for you.

## 04 확인하기

Ⓐ 이야기를 읽고 맞으면 T, 틀리면 F에 동그라미 하세요.

1 천연가스가 숲속 지하에서 새어 나온다. **True** False

2 숲속 천연가스가 타면서 불이 붙는다. **True** False

3 그곳으로 캠핑을 가면 모닥불을 피우지 않아도 된다. **True** False

4 여러 개의 모닥불을 이미 누가 피워 놓았다. **True** False

Ⓑ 밑줄 친 one은 무엇을 가리키나요?

1 a forest

2 a fire

3 natural gas

Week 05

# Penguins' Best Friends

## 01 핵심단어 이야기의 핵심 단어와 표현을 읽어 보세요.

1 fox ☐ 여우

2 look out ☐ 살피다
*과거형 looked

3 island ☐ 섬

4 penguin ☐ 펭귄

5 woof ☐ (개 짖는 소리) 멍

6 hear ☐ 듣다
*과거형 heard

7 bark ☐ 짖다
*진행형 be+barking

8 turn ☐ 돌아서다
*과거형 turned

9 run away ☐ 도망치다
*과거형 ran

## 02 핵심문장 우리말 뜻을 읽고 빈칸에 알맞은 영어 표현을 쓰세요.

1 A fox looks ______ at the island.
여우 한 마리가 섬을 살핀다.

2 It can see some ______s.
그것은 펭귄 몇 마리를 볼 수 있다.

3 It starts walking across the ______.
그것은 걸어서 물을 건너기 시작한다.

4 A dog is ______.
개가 짖고 있다.

5 The fox ______s.
여우가 돌아선다.

6 The fox runs ______.
여우가 도망친다.

## 03 스토리리딩 이야기를 읽고 각 문장을 우리말로 옮겨 보세요. 05-01

A fox looks out at the island.

It can see some penguins.

It starts walking across the water.

Woof, woof. It hears a dog barking.

The fox turns and runs away.

## 04 확인하기

**A** 이야기를 읽고 맞으면 T, 틀리면 F에 동그라미 하세요.

1 섬에 여우 한 마리가 있다. True False

2 섬에는 펭귄 한 마리가 산다. True False

3 여우가 물을 건너 펭귄이 있는 곳으로 가려고 한다. True False

4 여우는 개를 무서워한다. True False

**B** 밑줄 친 it은 무엇을 가리키나요?

1 the fox

2 a penguin

3 a dog

# Penguins' Best Friends

## 01 핵심단어 이야기의 핵심 단어와 표현을 읽어 보세요.

1 Australia ☐ 호주

2 tiny ☐ 매우 작은

3 fairy ☐ 요정

4 make home ☐ 살다, 거주하다
*과거형 made

5 around ☐ 약, ~쯤

6 kill ☐ 죽이다
*과거형 killed/동명사 killing

7 be left ☐ 남다

## 02 핵심문장 우리말 뜻을 읽고 빈칸에 알맞은 영어 표현을 쓰세요.

1 The island is Middle Island in ______.
이 섬은 호주에 있는 미들 아일랜드이다.

2 There are ______ penguins.
그곳에는 요정 펭귄(쇠푸른펭귄)이 있다.

3 Penguins make their ______s on the island.
펭귄이 이 섬에서 산다.

4 There were ______ 800 penquins.
약 800마리의 펭귄이 있었다.

5 Then, foxes began ______ penguins.
그후에 여우가 펭귄을 죽이기 시작했다.

6 Only 4 penguins were ______.
펭귄 네 마리만 남았다.

## 03 스토리리딩 이야기를 읽고 각 문장을 우리말로 옮겨 보세요. 05-02

The island is Middle Island in Australia.

Tiny fairy penguins make their homes on Middle Island.

In 2005, there were around 800 fairy penguins.

But then foxes began killing penguins.

Soon, only 4 penguins were left.

## 04 확인하기

Ⓐ 이야기를 읽고 맞으면 T, 틀리면 F에 동그라미 하세요.

1 미들 아일랜드는 호주에 있는 섬이다. True False

2 한때 약 800마리의 요정 펭귄이 이 섬에 살았다. True False

3 펭귄 수가 줄어든 이유는 여우 때문이었다. True False

4 결국 네 마리의 여우만 섬에 남았다. True False

Ⓑ 밑줄 친 단어 중 요정 펭귄의 크기를 나타내는 말은 무엇인가요?

1 middle

2 tiny

3 only

Week 05

# Penguins' Best Friends

## 01 핵심단어 이야기의 핵심 단어와 표현을 읽어 보세요.

1 chicken ☐ 닭

2 farmer ☐ 농부

3 send ☐ 보내다
*과거형 sent

4 watch over ☐ 보살피다, 지켜보다
*과거형 watched

5 for ☐ (기간) ~ 동안

6 leave ☐ 떠나다
*과거형 left

7 other ☐ (그 밖의) 다른

8 come to ☐ ~로 오다
*과거형 came

9 protect ☐ 보호하다, 지키다
*과거형 protected

10 thanks to ☐ ~ 덕분에

11 over ☐ ~이 넘는, ~이상

## 02 핵심문장 우리말 뜻을 읽고 빈칸에 알맞은 영어 표현을 쓰세요.

1 One chicken ______ sent his dog to the island.
한 양계 농부가 자신의 개를 섬으로 보냈다.

2 The dog ______ over them for two weeks.
그 개는 그들을 2주 동안 지켜보았다.

3 The dog ______.
그 개가 떠났다.

4 ______ dogs came to the island.
다른 개가 섬으로 왔다.

5 They ______ the penguins five days a week.
그들은 펭귄을 주 5일 지킨다.

6 ______ 100 penguins live on Middle Island.
미들 아일랜드에는 100마리 이상의 펭귄이 산다.

## 03 스토리리딩 이야기를 읽고 각 문장을 우리말로 옮겨 보세요. 05-03

One chicken farmer sent his dog Oddball to Middle Island.

Oddball watched over the penguins for two weeks.

After Oddball left, other dogs came to the island.

Now, two other dogs protect the penguins five days a week.

Thanks to all these dogs, over 100 fairy penguins live on Middle Island.

## 04 확인하기

**A** 이야기를 읽고 맞으면 T, 틀리면 F에 동그라미 하세요.

1 한 농부가 자신의 개 두 마리를 섬으로 보냈다. True False

2 아드볼은 섬에서 2주 동안 있었다. True False

3 아드볼이 떠난 후 다른 개가 펭귄을 지켰다. True False

4 현재 100마리가 넘는 요정 펭귄이 섬에 살고 있다. True False

**B** 첫 문장에서 아드볼에 관해 짐작할 수 있는 것은 무엇인가요?

1 주인을 도와 농장일을 했을 것이다.

2 농장에 있는 닭을 지켰을 것이다.

3 나쁜 짓을 해서 섬으로 쫓겨났을 것이다.

# Biking out of Prison

## 01 핵심단어 이야기의 핵심 단어와 표현을 읽어 보세요.

1 every ☐ 매, 하나하나 다
2 several ☐ 몇몇의
3 courtyard ☐ 뜰, 마당
4 wear ☐ 입다
*과거형 wore
5 same ☐ 같은
6 suit ☐ (한 벌의) 옷
7 get on ~ ☐ ~에 올라타다
8 exercise bicycle ☐ 실내운동용 자전거
9 pedal ☐ 페달을 구르다
*동명사 pedaling
10 light bulb ☐ 전구
11 near ☐ 가까이, 근접하여
12 turn on ☐ 켜지다
*과거형 turned

## 02 핵심문장 우리말 뜻을 읽고 빈칸에 알맞은 영어 표현을 쓰세요.

1 Every morning, ______ men walk.
매일 아침 몇 명의 남자가 걷는다.

2 They ______ the same suits.
그들은 똑같은 옷을 입는다.

3 They ______ on bicycles.
그들은 자전거에 올라탄다.

4 They start ______.
그들은 페달을 구르기 시작한다.

5 There is a building ______ them.
그들 가까이에는 건물이 하나 있다.

6 Light bulbs in the building ______ on.
그 건물 안의 전구가 켜진다.

## 03 스토리리딩

이야기를 읽고 각 문장을 우리말로 옮겨 보세요. 06-01

Every morning, several men walk to the courtyard.

They are wearing the same red suits.

They get on exercise bicycles.

Then, they start pedaling.

Soon, light bulbs in a building near them turn on.

## 04 확인하기

A 이야기를 읽고 맞으면 T, 틀리면 F에 동그라미 하세요.

1 여러 명의 남자가 매일 아침 마당에 간다. True False

2 그들은 제각기 다른 옷을 입고 있다. True False

3 남자들은 매일 자전거를 타고 출근한다. True False

4 남자들이 자전거를 타면 건물에 불이 켜진다. True False

B 밑줄 친 them은 무엇을 가리키나요?

1 light bulbs

2 exercise bicycles

3 several men

# Biking out of Prison

## 01 핵심단어 이야기의 핵심 단어와 표현을 읽어 보세요.

1 on a team ☐ 팀에 속해 있는

2 clothes ☐ 옷

3 not ~ either ☐ 어느 쪽도 (~않다)

4 prison ☐ 감옥

5 Brazil ☐ 브라질

6 prisoner ☐ 수감자

7 create ☐ 만들다
*과거형 created

8 electricity ☐ 전기

9 for ☐ (기간) ~ 동안

## 02 핵심문장 우리말 뜻을 읽고 빈칸에 알맞은 영어 표현을 쓰세요.

1 These men aren't on a ______.
이 남자들은 한 팀에 속한 것이 아니다.

2 They aren't wearing exercise clothes ______.
그들은 운동복을 입고 있는 것도 아니다.

3 They are ______s.
그들은 수감자들이다.

4 They are pedaling to ______ electricity.
그들은 전기를 만들기 위해서 페달을 구르고 있다.

5 They pedal ______ one day.
그들은 하루 동안 페달을 구른다.

6 They can ______ on six light bulbs.
그들은 여섯 개의 전구를 켤 수 있다.

## 03 스토리리딩

이야기를 읽고 각 문장을 우리말로 옮겨 보세요. 06-02

These men aren't on a bicycle team.

They aren't wearing exercise clothes either.

They are in a prison in Brazil. They are prisoners.

They are pedaling to create electricity.

If they pedal for one day, they can turn on six light bulbs.

## 04 확인하기

A 이야기를 읽고 맞으면 T, 틀리면 F에 동그라미 하세요.

1 남자들은 운동선수이다. True False

2 남자들은 운동복을 입고 있다. True False

3 남자들이 있는 곳은 브라질이다. True False

4 이곳에서는 페달을 구르면 전기를 만들 수 있다. True False

B 페달을 밟아 전구 여섯 개를 켜는 데는 얼마나 걸리나요?

1 1일

2 2일

3 6일

Week 06

# Biking out of Prison

## 01 핵심단어 이야기의 핵심 단어와 표현을 읽어 보세요.

1 ride on ~ *과거형 rode ☐ ~을 타다
2 answer ☐ 해답, 정답
3 simple ☐ 간단한
4 get out of ~ *과거형 got ☐ ~에서 나오다
5 earlier ☐ 더 일찍
6 another ☐ 또 하나(의)
7 benefit ☐ 이득, 혜택
8 lose *과거형 lost ☐ 잃다
9 weight ☐ 무게, 체중

## 02 핵심문장 우리말 뜻을 읽고 빈칸에 알맞은 영어 표현을 쓰세요.

1 Why do the prisoners ________ on the bicycles?
왜 수감자들은 자전거를 탈까?

2 The answer is ________.
답은 간단하다.

3 They get out of prison ________.
그들은 감옥에서 더 일찍 나간다.

4 There's ________ benefit.
또 하나의 이득이 있다.

5 Some ________s say that.
몇몇 수감자가 그것을 말했다.

6 They have lost ________.
그들은 살이 빠졌다.

## 03 스토리리딩 이야기를 읽고 각 문장을 우리말로 옮겨 보세요. 06-03

Why do the prisoners ride on the bicycles?

The answer is simple.

They can get out of prison earlier if they pedal on the bicycles.

There's another benefit, too.

Some prisoners say they have lost weight.

## 04 확인하기

Ⓐ 이야기를 읽고 맞으면 T, 틀리면 F에 동그라미 하세요.

1 수감자가 자전거를 타는 데는 단순한 이유가 있었다. True False

2 수감자들은 자전거를 타면 월급을 받았다. True False

3 일부 수감자들은 다른 이득이 있다고 말한다. True False

4 자전거 타기가 다이어트에도 도움이 되었다. True False

Ⓑ 수감자들이 자전거 타기로 얻는 이득이 아닌 것은 무엇인가요?

1 일찍 감옥에서 나갈 수 있음

2 자전거 팀에 들어갈 수 있음

3 살을 뺄 수 있음

# Harmless Cyborg



## 01 핵심단어 이야기의 핵심 단어와 표현을 읽어 보세요.

1 cyborg ☐ 사이보그
2 human ☐ 인간
3 robotic ☐ 로봇의, 로봇 같은
4 part ☐ 부분, 부품
5 stronger ☐ 더 센
6 faster ☐ 더 빠른
7 better ☐ 더 좋은
8 than ☐ ~ 보다
9 most ☐ 대부분의
10 be afraid of ☐ ~을 두려워하다
11 killer ☐ 죽이는 것[사람]
12 fight ☐ 싸우다
*과거형 fought

## 02 핵심문장 우리말 뜻을 읽고 빈칸에 알맞은 영어 표현을 쓰세요.

1 A cyborg is a ________ with robotic parts.
사이보그는 로봇 같은 부위를 가진 인간이다.

2 These can make the cyborg ________.
이것들이 사이보그를 더 강하게 만들 수 있다.

3 These can make the cyborg ________ than humans.
이것들이 사이보그를 인간보다 더 빠르게 만들 수 있다.

4 Most people are ________ of cyborgs.
대다수 사람들은 사이보그를 두려워한다.

5 Cyborgs are ________ robots.
사이보그는 살인 로봇이다.

6 They ________ and kill humans.
그들은 싸우고 인간을 죽인다.

## 03 스토리리딩

이야기를 읽고 각 문장을 우리말로 옮겨 보세요. 07-01

A cyborg is a human with robotic parts.

These parts can make the cyborg stronger, faster, or better than humans.

Most people are afraid of cyborgs.

In some movies, cyborgs are often killer robots.

They fight and kill humans.

## 04 확인하기

Ⓐ 이야기를 읽고 맞으면 T, 틀리면 F에 동그라미 하세요.

1 사이보그는 로봇 같은 신체 부위를 지닌 인간이다. True False

2 로봇 같은 신체 부위는 사이보그를 더 강하게 만든다. True False

3 대다수 인간은 사이보그를 좋아한다. True False

4 영화에서 사이보그는 언제나 인간을 돕는 역할을 한다. True False

Ⓑ 밑줄 친 these parts는 무엇을 가리키나요?

1 robotic parts

2 human parts

3 movie parts

# Harmless Cyborg

## 01 핵심단어

이야기의 핵심 단어와 표현을 읽어 보세요.

1 alive ☐ 살아 있는

2 accident ☐ 사고

3 go blind ☐ 눈이 멀다
*과거형 went

4 regain ☐ 되찾다
*과거형 regained

5 sight ☐ 시력

6 turn... into ~ ☐ …을 ~로 바꾸다
*과거형 turned

7 artificial ☐ 인공의

8 vision system ☐ 시각 시스템

9 connect ☐ 연결하다
*과거형 connected

10 brain ☐ 뇌

## 02 핵심문장

우리말 뜻을 읽고 빈칸에 알맞은 영어 표현을 쓰세요.

1 There are cyborgs ______ today.
오늘날 살아 있는 사이보그가 있다.

2 He had an accident. He went ______.
그는 사고를 당했다. 그는 눈이 멀었다.

3 He regained his ______.
그는 시력을 되찾았다.

4 Doctors ______ him into a cyborg.
의사들이 그를 사이보그로 바꾸었다.

5 He has an ______ vision system.
그는 인공 시각 시스템을 가지고 있다.

6 It connects his eyes with his ______.
그것은 그의 눈과 뇌를 연결한다.

## 03 스토리리딩

이야기를 읽고 각 문장을 우리말로 옮겨 보세요. 07-02

There are cyborgs alive today.

Jens Naumann is one. He had an accident and went blind.

In 2002, he regained his <u>sight</u>. How?

Doctors turned him into a cyborg.

He has an artificial vision system. It connects his eyes with his brain.

## 04 확인하기

Ⓐ 이야기를 읽고 맞으면 T, 틀리면 F에 동그라미 하세요.

1 옌스 나우만은 사이보그이다. True False

2 옌스 나우만은 사고로 시력을 잃었다. True False

3 옌스 나우만은 심장에 인공 부품이 있다. True False

4 옌스 나우만은 인공 시각 시스템을 통해 앞을 볼 수 있다. True False

Ⓑ 밑줄 친 sight와 의미가 비슷한 말은 무엇인가요?

1 brain

2 eyes

3 vision

# Harmless Cyborg

DAY 01 02 03

## 01 핵심단어

이야기의 핵심 단어와 표현을 읽어 보세요.

1 now that ☐ 이제 ~이므로

2 again ☐ 다시

3 many other ☐ 그 밖의 많은

4 body ☐ 몸, 신체

5 totally ☐ 완전히

6 harmless ☐ 무해한

7 not all ☐ 반드시 ~하지 않다

8 dangerous ☐ 위험한

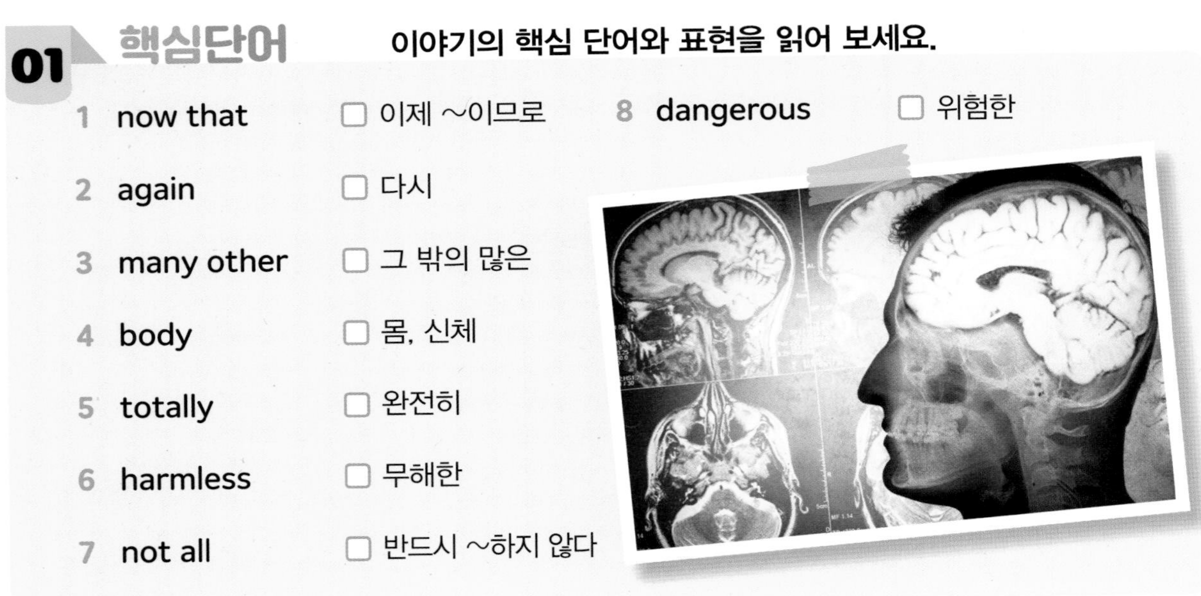

## 02 핵심문장

우리말 뜻을 읽고 빈칸에 알맞은 영어 표현을 쓰세요.

1 ______ that he is a cyborg, he can see again.
그는 이제 사이보그이므로 다시 볼 수 있다.

2 There are ______ other cyborgs like him.
그와 같은 사이보그가 그 밖에도 많이 있다.

3 They have robotic ______s and legs.
그들은 로봇 같은 팔과 다리를 갖고 있다.

4 They have other ______ parts.
그들은 다른 신체 부위를 가지고 있다.

5 They are ______ harmless.
그들은 완전히 무해하다.

6 Not all cyborgs are ______ killers.
모든 사이보그가 다 위험한 살인범은 아니다.

## 03 스토리리딩 이야기를 읽고 각 문장을 우리말로 옮겨 보세요. 07-03

Now that he is a cyborg, he can see again.

There are many other cyborgs like Naumann.

They have robotic arms, legs, and other body parts.

They're totally harmless, too.

Not all cyborgs are dangerous killers.

## 04 확인하기

Ⓐ 이야기를 읽고 맞으면 T, 틀리면 F에 동그라미 하세요.

1 나우만은 다시 볼 수 있다. True False

2 나우만 외에 다른 사이보그는 없다. True False

3 나우만 같은 사이보그는 매우 위험하다. True False

4 모든 사이보그가 위험한 건 아니다. True False

Ⓑ 밑줄 친 dangerous와 의미가 반대인 말은 무엇인가요?

1 robotic

2 harmless

3 many

Week 08

# A Perfect Work of Art

## 01 핵심단어 이야기의 핵심 단어와 표현을 읽어 보세요.

| | | | | | |
|---|---|---|---|---|---|
| 1 | hundreds of ~ | □ 수백의 ~ | 8 | Italy | □ 이탈리아 |
| 2 | pope | □ 교황 | 9 | ask for ~<br>*과거형 asked | □ ~을 요청하다 |
| 3 | painting | □ 그림 | 10 | sample | □ 샘플, 견본 |
| 4 | Vatican | □ 바티칸 교황청 | 11 | visit<br>*과거형 visited | □ 방문하다 |
| 5 | representative | □ 대리인, 대표자 | | | |
| 6 | speak with ~<br>*과거형 spoke | □ ~와 이야기하다 | | | |
| 7 | artist | □ 예술가 | | | |

## 02 핵심문장 우리말 뜻을 읽고 빈칸에 알맞은 영어 표현을 쓰세요.

1 The ______ wanted new paintings.
교황이 새 그림을 원했다.

2 He sent representatives to ______.
그는 이탈리아에 대리인들을 보냈다.

3 They ______ with artists.
그들은 예술가들과 이야기를 나누었다.

4 They ______ for samples of the artists' paintings.
그들은 예술가들의 그림 샘플을 요청했다.

5 A man ______ Giotto.
한 남자가 조토를 방문했다.

6 He asked Giotto for a ______.
그는 조토에게 그림 한 점을 요청했다.

## 03 스토리읽기

이야기를 읽고 각 문장을 우리말로 옮겨 보세요. 08-01

Hundreds of years ago, the pope wanted new paintings for the Vatican.

He sent representatives to speak with artists in Italy.

They asked for samples of the artists' paintings.

One day, a man visited Giotto.

He asked Giotto for a painting.

## 04 확인하기

Ⓐ 이야기를 읽고 맞으면 T, 틀리면 F에 동그라미 하세요.

1 교황은 바티칸 교황청에 새 그림을 걸고 싶어 했다. True False

2 대리인들은 이탈리아로 갔다. True False

3 한 대리인이 조토에게 그림을 요청했다. True False

4 조토는 바티칸 교황청에 살고 있었다. True False

Ⓑ 조토의 직업은 무엇인가요?

1 pope

2 representative

3 artist

# A Perfect Work of Art

## 01 핵심단어 이야기의 핵심 단어와 표현을 읽어 보세요.

1 take out ☐ 꺼내다
*과거형 took

2 a piece of ~ ☐ 하나의 ~

3 pick up ☐ 집어 들다
*과거형 picked

4 paintbrush ☐ 붓

5 dip ☐ 살짝 담그다
*과거형 dipped

6 paint ☐ 물감, 페인트

7 put ☐ 놓다, 두다
*과거형 put

8 close to ☐ ~ 가까이에

9 motion ☐ 동작

10 perfect ☐ 완벽한

11 circle ☐ 원

## 02 핵심문장 우리말 뜻을 읽고 빈칸에 알맞은 영어 표현을 쓰세요.

1 He ________ out a piece of paper.
그는 종이 한 장을 꺼냈다.

2 He picked up a ________.
그는 붓을 하나 집어 들었다.

3 He ________ it in some paint.
그는 그것을 물감에 살짝 담갔다.

4 He put his arm ________ to his body.
그는 팔을 몸에 바싹 붙였다.

5 He made it in one ________.
그는 그것을 한 동작으로 만들었다.

6 He made a ________ circle.
그는 완벽한 원을 그렸다.

## 03 스토리읽기

이야기를 읽고 각 문장을 우리말로 옮겨 보세요. 08-02

Giotto took out a piece of paper.

Then, he picked up a paintbrush.

He dipped the paintbrush in red paint.

Next, he put his arm close to his body.

After that, in one motion, he made a perfect circle.

## 04 확인하기

Ⓐ 이야기를 읽고 맞으면 T, 틀리면 F에 동그라미 하세요.

1 조토는 즉석에서 샘플을 그렸다. True False

2 샘플 그림은 빨간색 원이었다. True False

3 조토는 여러 차례의 붓질로 원 하나를 그렸다. True False

4 원은 울퉁불퉁했다. True False

Ⓑ 밑줄 친 made는 무엇을 의미하나요?

1 그렸다

2 요리했다

3 썼다

Week 08

# A Perfect Work of Art

## 01 핵심단어

이야기의 핵심 단어와 표현을 읽어 보세요.

1 confused ☐ 혼란스러운

2 understand ☐ 이해하다
*과거형 understood

3 give ☐ 주다
*과거형 gave

4 explain ☐ 설명하다
*과거형 explained

5 without ☐ ~없이

6 compass ☐ 컴퍼스

7 realize ☐ 깨닫다
*과거형 realized

8 skill ☐ 실력

9 hire ☐ 고용하다
*과거형 hired

## 02 핵심문장

우리말 뜻을 읽고 빈칸에 알맞은 영어 표현을 쓰세요.

1 The man was ______.
남자는 혼란스러웠다.

2 The man ______ it to the pope.
남자는 그것을 교황에게 주었다.

3 He ______ it.
그는 그것을 설명했다.

4 Giotto made it without a ______.
조토는 그것을 컴퍼스 없이 만들었다.

5 The pope realized his great ______.
교황은 그의 대단한 실력을 깨닫았다.

6 He ______ Giotto to make the paintings.
그는 그림을 그리도록 조토를 고용했다.

## 03 스토리읽기

이야기를 읽고 각 문장을 우리말로 옮겨 보세요. 08-03

The man was confused. Giotto said, “The pope will understand.”

In the Vatican, the man gave Giotto’s circle to the pope.

He explained how Giotto made it without a compass.

The pope realized Giotto’s great skill.

He hired Giotto to make the paintings.

## 04 확인하기

Ⓐ 이야기를 읽고 맞으면 T, 틀리면 F에 동그라미 하세요.

1 대리인은 조토의 그림을 이해했다. **True False**

2 대리인은 조토의 원을 교황에게 전달했다. **True False**

3 컴퍼스 없이 완벽한 원을 그리는 건 어렵지 않다. **True False**

4 교황은 조토를 고용하여 바티칸 교황청에 그림을 그리게 했다. **True False**

Ⓑ 밑줄 친 he는 누구를 가리키나요?

1 the pope

2 the man

3 Giotto

# Jumping on Water

## 01 핵심단어 이야기의 핵심 단어와 표현을 읽어 보세요.

1 cricket ☐ 귀뚜라미

2 branch ☐ 나뭇가지

3 noise ☐ 소리, 소음

4 look around ☐ 둘러보다
*과거형 looked

5 beetle ☐ 딱정벌레

6 approach ☐ 다가오다
*과거형 approached

7 nowhere ☐ 아무 데도

8 jump off ☐ ~에서 뛰어내리다
*과거형 jumped

9 land ☐ 내려앉다
*과거형 landed

10 pond ☐ 연못

## 02 핵심문장 우리말 뜻을 읽고 빈칸에 알맞은 영어 표현을 쓰세요.

1 The cricket is sitting on a ______.
귀뚜라미가 나뭇가지에 앉아 있다.

2 It hears a noise. It looks ______.
그것은 소리를 듣는다. 그것은 주위를 둘러본다.

3 A ______ is approaching.
딱정벌레가 다가온다.

4 There's ______ to go.
갈 곳이 아무 데도 없다.

5 It jumps ______ the branch.
그것은 나뭇가지에서 뛰어내린다.

6 It lands in a ______.
그것은 연못에 내려앉는다.

## 03 스토리리딩

이야기를 읽고 각 문장을 우리말로 옮겨 보세요. 09-01

The tiny cricket is sitting on a branch.

It hears a noise and looks around.

A beetle is approaching. There's nowhere to go.

Suddenly, the cricket jumps off the branch.

It lands in a pond.

## 04 확인하기

Ⓐ 이야기를 읽고 맞으면 T, 틀리면 F에 동그라미 하세요.

1 귀뚜라미가 나뭇가지에 위에 있었다. True False

2 귀뚜라미는 어떤 소리를 듣고 주위를 살핀다. True False

3 딱정벌레가 귀뚜라미에게 다가온다. True False

4 귀뚜라미는 날아서 도망간다. True False

Ⓑ 밑줄 친 it은 무엇을 가리키나요?

1 a beetle

2 the cricket

3 a branch

# Jumping on Water

## 01 핵심단어 이야기의 핵심 단어와 표현을 읽어 보세요.

1 sink ☐ 가라앉다, 침몰하다
*과거형 sank

2 though ☐ 그렇지만

3 instead ☐ 그 대신

4 jump ☐ 뛰어오르다
*과거형 jumped

5 insect ☐ 곤충

6 surface ☐ 표면

7 sticky ☐ 끈적끈적한

8 strong ☐ 강한

9 enough to ☐ ~할 정도로 충분히

## 02 핵심문장 우리말 뜻을 읽고 빈칸에 알맞은 영어 표현을 쓰세요.

1 The cricket doesn't ______.
귀뚜라미는 가라앉지 않는다.

2 It ______s on the water.
그것은 물에서 뛰어오른다.

3 It ______s on the water.
그것은 물에 내려앉는다.

4 Some ______s can walk on water.
일부 곤충은 물 위를 걸을 수 있다.

5 Water is ______.
물은 끈적끈적하다.

6 Insects aren't strong ______.
곤충은 충분히 강하지 않다.

## 03 스토리리딩

이야기를 읽고 각 문장을 우리말로 옮겨 보세요. 09-02

The cricket doesn't sink though. Instead, it jumps again.

It lands on the water. It jumps on the water again and again.

Some insects can walk on water. But they can't jump on it.

The surface of water is sticky.

The insects aren't strong enough to jump on it.

## 04 확인하기

Ⓐ 이야기를 읽고 맞으면 T, 틀리면 F에 동그라미 하세요.

1 귀뚜라미는 가라앉지 않는다. True False

2 모든 곤충은 물 위에서 걸을 수 있다. True False

3 물의 표면은 끈적끈적하다. True False

4 몇몇 곤충은 물 위에서 걸을 수 있어도 뛰어오를 만큼 힘이 세지 않다. True False

Ⓑ 밑줄 친 it은 무엇을 가리키나요?

1 a branch

2 an insect

3 water

# Jumping on Water

## 01 핵심단어 이야기의 핵심 단어와 표현을 읽어 보세요.

1 different ☐ 다른
2 hind leg ☐ 뒷다리
3 power ☐ 힘
4 ability ☐ 능력
5 help ☐ 돕다
*과거형 helped
6 let ☐ ~하게 하다
*과거형 let
7 escape from ☐ ~에서 탈출하다
*과거형 escaped
8 predator ☐ 포식자

## 02 핵심문장 우리말 뜻을 읽고 빈칸에 알맞은 영어 표현을 쓰세요.

1 Pygmy mole cricket is ______.
좁쌀메뚜기는 다르다.

2 It has two strong ______ legs.
그것은 강한 뒷다리 두 개를 가지고 있다.

3 Legs give it the ______.
다리가 그것에게 힘을 준다.

4 It can ______ on water.
그것은 물 위에서 뛰어오를 수 있다.

5 This ______ helps the cricket.
이 능력은 귀뚜라미를 돕는다.

6 It lets the insect ______ from predators.
그것은 곤충이 포식자로부터 탈출하게 해준다.

## 03 스토리리딩

이야기를 읽고 각 문장을 우리말로 옮겨 보세요. 09-03

But the pygmy mole cricket is different.

* pygmy mole cricket (귀뚜라미를 닮은) 좁쌀메뚜기

It has two very strong hind legs.

These legs give it the power to jump on water.

This ability helps the pygmy mole cricket very much.

It lets the insect escape from beetles and other predators.

## 04 확인하기

Ⓐ 이야기를 읽고 맞으면 T, 틀리면 F에 동그라미 하세요.

1 좁쌀메뚜기는 네 개의 강한 뒷다리를 갖고 있다. True False

2 좁쌀메뚜기는 물 위에서 뛰어오르지 못한다. True False

3 좁쌀메뚜기는 강한 다리를 써서 위험에서 벗어난다. True False

4 딱정벌레는 좁쌀메뚜기의 포식자 중 하나다. True False

Ⓑ 밑줄 친 it은 무엇을 가리키나요?

1 pygmy mole cricket

2 strong leg

3 predator

# The Toughest Monkey

## 01 핵심단어 이야기의 핵심 단어와 표현을 읽어 보세요.

1 dig ☐ 파다
*진행형 be+digging

2 oil ☐ 기름

3 little ☐ 작은

4 egg ☐ 알

5 put ☐ 넣다
*과거형 put

6 hatch ☐ 부화하다
*과거형 hatched

7 ~ year(s) old ☐ ~년 된, 나이가 ~인

## 02 핵심문장 우리말 뜻을 읽고 빈칸에 알맞은 영어 표현을 쓰세요.

1 Several men were digging for ______.
남자 몇 명이 기름을 찾으려고 땅을 파고 있었다.

2 They looked in the ______.
그들은 땅속을 보았다.

3 They saw some ______s.
그들은 알들을 보았다.

4 They ______ the eggs in water.
그들은 알을 물에 넣었다.

5 A few eggs ______.
알 몇 개가 부화했다.

6 The eggs were 10,000 ______ old.
이 알은 1만 년 된 것이다.

## 03 스토리리딩

이야기를 읽고 각 문장을 우리말로 옮겨 보세요. 10-01

In the 1990s, several men were digging for oil.

They looked in the ground.

They saw some little eggs.

They put the eggs in water. A few eggs hatched.

Scientists said the eggs were 10,000 years old.

## 04 확인하기

**A** 이야기를 읽고 맞으면 T, 틀리면 F에 동그라미 하세요.

1 몇몇 사람들이 땅 속에서 기름을 찾고 있었다. **True** **False**

2 땅 속에 알이 있었다. **True** **False**

3 알이 전부 부화했다. **True** **False**

4 과학자들은 알이 매우 오래되었다고 말했다. **True** **False**

**B** 밑줄 친 a few와 의미가 비슷한 것은 무엇인가요?

1 10,000

2 some

3 old

# The Toughest Monkey

## 01 핵심단어 이야기의 핵심 단어와 표현을 읽어 보세요.

1 animal ☐ 동물

2 that ☐ 그만큼, 그 정도로

3 long ☐ 오래

4 sea ☐ 바다

5 not really ☐ 꼭 그렇지는 않은

6 look like ~ ☐ ~처럼 보이다
*과거형 looked

7 not ~ at all ☐ 전혀 ~ 아닌

8 ocean ☐ 해양, 바다

9 prefer ☐ 더 좋아하다
*과거형 preferred

10 salty ☐ 짠

11 lake ☐ 호수

## 02 핵심문장 우리말 뜻을 읽고 빈칸에 알맞은 영어 표현을 쓰세요.

1 What ______ can live for that long?
어떤 동물이 그렇게 오래 살 수 있을까?

2 The sea ______ can.
바다 원숭이는 그럴 수 있다.

3 It's not ______ a monkey though.
그렇지만 그것이 꼭 원숭이라는 건 아니다.

4 It doesn't ______ like a monkey at all.
그것은 원숭이를 전혀 닮지 않았다.

5 It doesn't live in the ______ either.
그것은 해양에서도 살지 않는다.

6 It prefers ______ lakes.
그것은 짠 호수를 더 좋아한다.

## 03 스토리리딩

이야기를 읽고 각 문장을 우리말로 옮겨 보세요. 10-02

What animal can live for that long? The sea monkey can.

It's not really a monkey though. It doesn't look like a monkey at all.

It's a brine shrimp.

*brine shrimp 브라인 슈림프: 풍년새우의 하나

It doesn't live in the ocean either.

Instead, it prefers salty ponds and lakes.

## 04 확인하기

**A** 이야기를 읽고 맞으면 T, 틀리면 F에 동그라미 하세요.

1 바다 원숭이는 매우 오래 살 수 있다. True False

2 바다 원숭이는 원숭이의 한 종류이다. True False

3 바다 원숭이의 다른 이름은 브라인 슈림프이다. True False

4 바다 원숭이는 호수에서 산다. True False

**B** 밑줄 친 sea와 의미가 비슷한 말은 무엇인가요?

1 ocean

2 pond

3 lake

Week 10

# The Toughest Monkey

## 01 핵심단어 이야기의 핵심 단어와 표현을 읽어 보세요.

1 nature ☐ 자연

2 toughest ☐ 가장 강한

3 creature ☐ 생물, 동물

4 survive ☐ 살아남다, 생존하다
*과거형 survivied

5 oxygen ☐ 산소

6 set ~ on fire ☐ ~에 불을 지르다
*과거형 set

7 boil ☐ 끓이다
*과거형 boiled

8 freeze ☐ 얼다, 얼리다
*과거형 froze

9 even ☐ 심지어

10 go to~and back ☐ ~에 왕복하다

11 moon ☐ 달

12 outer space ☐ 우주 공간

## 02 핵심문장 우리말 뜻을 읽고 빈칸에 알맞은 영어 표현을 쓰세요.

1 It's one of the ______ creatures.
그것은 가장 강한 생물 중 하나이다.

2 It can ______ without oxygen.
그것은 산소가 없어도 살아남을 수 있다.

3 People can ______ it on fire.
사람들은 그것에 불을 붙일 수 있다.

4 They can ______ or freeze it.
그들은 그것을 물에 끓이거나 얼릴 수 있다.

5 They went to the ______ and back.
그들은 달에 갔다 돌아왔다.

6 They survived being in ______ space.
그들은 우주 공간에 있으면서도 살아남았다.

## 03 스토리리딩 이야기를 읽고 각 문장을 우리말로 옮겨 보세요. 10-03

The sea monkey is one of nature's toughest creatures.

It can survive without water and oxygen.

People can set it on fire, boil it in water, or freeze it. But it will still live.

Some sea monkeys even went to the moon and back.

They survived being in outer space.

## 04 확인하기

Ⓐ 이야기를 읽고 맞으면 T, 틀리면 F에 동그라미 하세요.

1 바다 원숭이는 생존에 매우 강하다. True False

2 바다 원숭이는 산소나 물이 없어도 살아남을 수 있다. True False

3 바다 원숭이는 뜨거운 온도와 차가운 온도도 견뎌낸다. True False

4 달에 간 바다 원숭이는 살아남지 못했다. True False

Ⓑ 밑줄 친 they는 무엇을 가리키나요?

1 땅속에서 파낸 바다 원숭이

2 냉동된 바다 원숭이

3 달에 갔다 온 바다 원숭이

# The Sleeping Mathematician

## 01 핵심단어 이야기의 핵심 단어와 표현을 읽어 보세요.

1 try to ☐ ~하려고 노력하다
*과거형 tried

2 solve ☐ 풀다
*과거형 solved

3 math ☐ 수학

4 problem ☐ 문제

5 hard ☐ 어려운

6 give up ☐ 포기하다
*과거형 gave

7 go to bed ☐ 잠자리에 들다
*과거형 went

8 look at ☐ ~을 쳐다보다
*과거형 looked

9 strange ☐ 이상한

10 write ☐ 쓰다
*과거형 wrote/동명사 writing

## 02 핵심문장 우리말 뜻을 읽고 빈칸에 알맞은 영어 표현을 쓰세요.

1 She was trying to ________ a problem.
그녀는 문제를 풀려고 했다.

2 It's too ________.
그것은 너무 어렵다.

3 She gave ________. She went to bed.
그녀는 포기했다. 그녀는 잠자리에 들었다.

4 She ________ at the problem.
그녀는 문제를 쳐다봤다.

5 The ________ was on the paper.
답이 종이에 있었다.

6 Who ________ that?
누가 저걸 썼지?

## 03 스토리리딩

이야기를 읽고 각 문장을 우리말로 옮겨 보세요. 11-01

Maria was trying to solve a math problem.

"It's too hard. I can't do it," she said. So she gave up and went to bed.

The next morning, she looked at the problem.

The answer was on the paper.

"That's strange," she said. "Who wrote that?"

## 04 확인하기

Ⓐ 이야기를 읽고 맞으면 T, 틀리면 F에 동그라미 하세요.

1 마리아는 수학 문제를 풀고 있었다. True False

2 문제는 매우 어려웠다. True False

3 마리아는 포기하지 않고 밤새 문제를 풀었다. True False

4 결국 다음 날도 문제를 풀 수 없었다. True False

Ⓑ 밑줄 친 that은 무엇을 가리키나요?

1 a math problem

2 the paper

3 the answer

# The Sleeping Mathematician

## 01 핵심단어 이야기의 핵심 단어와 표현을 읽어 보세요.

1 more ☐ 더, 더욱

2 closely ☐ 자세히

3 own ☐ 자기 자신의

4 in handwriting ☐ 손글씨로, 자필로

5 in sleep ☐ 자는 동안

6 Italian ☐ 이탈리아인(의)

7 be born ☐ 태어나다
*과거형 was[were]

8 die ☐ 죽다
*과거형 died

## 02 핵심문장 우리말 뜻을 읽고 빈칸에 알맞은 영어 표현을 쓰세요.

1 She looked at the paper ______.
그녀는 종이를 자세히 보았다.

2 It was in her own ______.
그것은 그녀 자신의 필체였다.

3 She solved it in her ______.
그녀는 자면서 그것을 풀었다.

4 She was ______.
그녀는 이탈리아인이었다.

5 She was ______ in 1718.
그녀는 1718년에 태어났다.

6 She ______ in 1799.
그녀는 1799년에 사망했다.

## 03 스토리리딩 이야기를 읽고 각 문장을 우리말로 옮겨 보세요. 11-02

She looked at the paper more closely.

The answer was in her own handwriting.

She solved it in her sleep.

The woman was Maria Agnesi.

* Maria Agnesi 마리아 아녜시: 이탈리아의 언어학자이자 수학자

She was Italian. She was born in 1718 and died in 1799.

## 04 확인하기

**A** 이야기를 읽고 맞으면 T, 틀리면 F에 동그라미 하세요.

1 마리아는 수학 문제의 답을 자세히 보았다. True False

2 답을 쓴 사람은 마리아 자신이었다. True False

3 마리아는 문제를 푸는 꿈을 꾸었다. True False

4 마리아는 이탈리아에서 1799년에 태어났다. True False

**B** 밑줄 친 it은 무엇을 가리키나요?

1 the math problem

2 the paper

3 the answer

Week 11

# The Sleeping Mathematician

## 01 핵심단어 이야기의 핵심 단어와 표현을 읽어 보세요.

| | | | |
|---|---|---|---|
| 1 during | ☐ ~동안 | 8 also | ☐ 또한 |
| 2 time | ☐ 시대, 시기 | 9 many times | ☐ 여러 번 |
| 3 few | ☐ 거의 없는 | 10 love ~ing<br>*과거형 loved | ☐ ~하는 것을 좋아하다 |
| 4 mathematician | ☐ 수학자 | 11 so much that ~ | ☐ ~할 정도로 |
| 5 genius | ☐ 천재 | 12 while | ☐ ~동안 |
| 6 become<br>*과거형 became | ☐ 되다 | | |
| 7 famous | ☐ 유명한 | | |

## 02 핵심문장 우리말 뜻을 읽고 빈칸에 알맞은 영어 표현을 쓰세요.

1 During her time, ______ women were mathematicians.
그녀 생전에 수학자인 여성은 거의 없었다.

2 Maria was a ______.
마리아는 천재였다.

3 She wrote a book. She became ______.
그녀는 책을 썼다. 그녀는 유명해졌다.

4 She solved math problems many ______.
그녀는 수학 문제를 여러 번 풀었다.

5 She loved it so ______.
그녀는 그것을 매우 좋아했다.

6 She did it ______ she was sleeping.
그녀는 자는 동안에도 그것을 했다.

## 03 스토리리딩

이야기를 읽고 각 문장을 우리말로 옮겨 보세요. 11-03

During her time, few women were mathematicians.

But Maria was a genius at math.

She wrote a math book and became very famous.

She also solved math problems in her sleep many times.

She loved math so much that she even did it while she was sleeping.

## 04 확인하기

**A** 이야기를 읽고 맞으면 T, 틀리면 F에 동그라미 하세요.

1 마리아 생전에는 여성 수학자가 많았다. True False

2 마리아는 수학 천재였다. True False

3 마리아는 수학을 정말 좋아했다. True False

4 마리아는 잠결에 딱 한 번 수학 문제를 풀었다. True False

**B** 밑줄 친 while과 의미가 비슷한 말은 무엇인가요?

1 much

2 even

3 during

Week 12

# The Boy Who Didn't Give Up

## 01 핵심단어

이야기의 핵심 단어와 표현을 읽어 보세요.

1 foolish □ 어리석은

2 waste □ 낭비하다
*진행형 be+wasting

3 art □ 예술

4 scold □ 야단치다
*과거형 scolded

5 artist □ 예술가

6 paint □ (그림을) 그리다
*과거형 painted/동명사 painting

7 draw □ 스케치하다
*과거형 drew/동명사 drawing

8 angry □ 화난

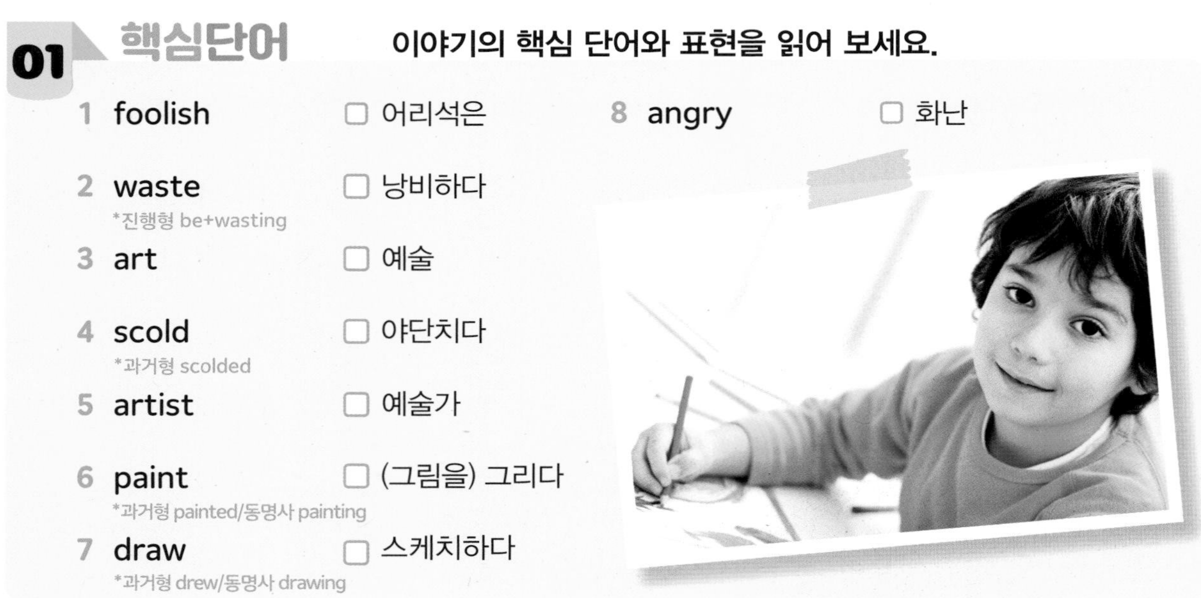

## 02 핵심문장

우리말 뜻을 읽고 빈칸에 알맞은 영어 표현을 쓰세요.

1 "______ boy," said the man.
"어리석은 녀석" 남자가 말했다.

2 You are ______ your time.
너는 시간을 낭비하고 있다.

3 He ______ the son.
그는 아들을 야단쳤다.

4 I want to become an ______.
나는 예술가가 되고 싶다.

5 I love ______.
나는 그림 그리는 것을 매우 좋아한다.

6 The boy's father was ______.
소년의 아버지는 화가 났다.

## 03 스토리리딩 이야기를 읽고 각 문장을 우리말로 옮겨 보세요. 12-01

"Foolish boy," said the man.

"You are wasting your time with art." He scolded the boy.

The boy answered, "But, Father, I want to become an artist.

I love painting and drawing."

The boy's father was angry.

## 04 확인하기

Ⓐ 이야기를 읽고 맞으면 T, 틀리면 F에 동그라미 하세요.

1 남자는 소년이 어리석다고 생각한다. **True** **False**

2 남자는 예술이 매우 중요하다고 생각한다. **True** **False**

3 소년은 예술가가 되고 싶다. **True** **False**

4 소년은 그림 그리는 것을 매우 좋아한다. **True** **False**

Ⓑ 밑줄 친 man은 누구를 가리키나요?

1 father

2 boy

3 artist

Week 12

# The Boy Who Didn't Give Up

## 01 핵심단어

이야기의 핵심 단어와 표현을 읽어 보세요.

1 scholar ☐ 학자

2 nobody ☐ 아무도 ~않다

3 the ~ family ☐ ~ 가문

4 not ~ ever ☐ 절대, 결단코

5 hit ☐ 때리다
*과거형 hit

6 uncle ☐ 삼촌

7 continue ☐ 계속하다
*과거형 contined

## 02 핵심문장

우리말 뜻을 읽고 빈칸에 알맞은 영어 표현을 쓰세요.

1 You will become a great ______.
너는 위대한 학자가 될 것이다.

2 ______ will ever be an artist.
그 누구도 절대 예술가가 되지 않을 것이다.

3 He ______ him many times.
그는 그를 여러 번 때렸다.

4 The boy did not ______ up.
소년은 포기하지 않았다.

5 I will ______ painting and drawing.
나는 계속 그림을 그리고 스케치를 할 것이다.

6 I ______ be a great artist.
나는 위대한 예술가가 될 것이다.

## 03 스토리리딩

이야기를 읽고 각 문장을 우리말로 옮겨 보세요. 12-02

"You will become a great scholar.

Nobody in the Buonarroti family will ever be an artist," said the father.

* Buonarroti 부오나로티; 이탈리아의 가문

Then, he hit <u>him</u> many times. The boy's uncles hit him, too.

But the boy did not give up.

"I will continue painting and drawing," he said. "I will be a great artist."

## 04 확인하기

Ⓐ 이야기를 읽고 맞으면 T, 틀리면 F에 동그라미 하세요.

1 남자는 소년이 학자가 되길 바랐다. True False

2 남자의 가문에는 이미 많은 예술가가 있다. True False

3 소년은 고모에게 매를 맞았다. True False

4 소년은 자신의 꿈을 포기하지 않았다. True False

Ⓑ 밑줄 친 him은 누구를 가리키나요?

1 the father

2 an uncle

3 the boy

# The Boy Who Didn't Give Up

DAY 01 02 03

## 01 핵심단어

이야기의 핵심 단어와 표현을 읽어 보세요.

1 finally ☐ 결국, 마침내

2 agree ☐ 동의하다
*과거형 agreed

3 study ☐ 공부하다
*과거형 studied

4 painter ☐ 화가

5 artwork ☐ 작품

6 painting ☐ 그림

7 sculpture ☐ 조각

## 02 핵심문장

우리말 뜻을 읽고 빈칸에 알맞은 영어 표현을 쓰세요.

1 The boy's father ______.
소년의 아버지가 동의했다.

2 He sent his ______ to study with a painter.
그는 화가와 공부하도록 자기 아들을 보냈다.

3 The boy ______ hard.
소년은 열심히 공부했다.

4 He made many ______s.
그는 많은 작품을 만들었다.

5 He ______ famous paintings.
그는 유명한 그림을 만들어냈다.

6 He made ______s.
그는 조각상을 만들었다.

## 03 스토리리딩

이야기를 읽고 각 문장을 우리말로 옮겨 보세요. 12-03

Finally, the boy's father agreed.

He sent his son to study with a painter.

The boy studied hard and made many famous artworks.

Who was he? He was Michelangelo Buonarroti.

* Michelangelo Buonarroti 미켈란젤로 부오나로티: 이탈리아의 화가이자 조각가

He painted *The Last Judgment* and made the sculptures *David* and *Pieta*.

* *The Last Judgment* 〈최후의 심판〉 / *David* 〈다윗〉 / *Pieta* 〈피에타〉

## 04 확인하기

**A** 이야기를 읽고 맞으면 T, 틀리면 F에 동그라미 하세요.

1 결국 소년은 그림을 배울 수 있었다. **True** **False**

2 소년은 학자에게서 그림을 배웠다. **True** **False**

3 소년은 열심히 공부해 유명한 그림을 많이 그렸다. **True** **False**

4 소년은 그림은 그렸지만 조각상을 만들지는 않았다. **True** **False**

**B** 다음 중 성격이 다른 작품은 무엇인가요?

1 *The Last Judgment*

2 *David*

3 *Pieta*

Week 13

# Flying Dogs

## 01 핵심단어 이야기의 핵심 단어와 표현을 읽어 보세요.

1 airplane ☐ 비행기

2 land ☐ 착륙하다
*과거형 landed

3 get out ☐ 내리다
*과거형 got

4 flying ☐ 비행

5 fly ☐ 날다, 비행하다
*과거형 flew

6 plane ☐ 비행기

7 point ☐ 가리키다
*과거형 pointed

8 behind ☐ 뒤, 뒤쪽

9 jump out of ☐ ~에서 뛰어나오다
*과거형 jumped

## 02 핵심문장 우리말 뜻을 읽고 빈칸에 알맞은 영어 표현을 쓰세요.

1 The ______ lands.
비행기가 착륙한다.

2 A man gets ______.
한 남자가 내린다.

3 "Nice ______," says a woman.
여자가 "멋진 비행이었어요."라고 말한다.

4 I didn't ______ the plane. He did.
나는 비행기를 조종하지 않았다. 그가 했다.

5 He points ______ him.
그는 자신의 뒤쪽을 가리킨다.

6 A dog jumps ______ of the plane.
개 한 마리가 비행기에서 뛰어나온다.

## 03 스토리읽기 이야기를 읽고 각 문장을 우리말로 옮겨 보세요. 13-01

The airplane lands, and a man gets out.

"Nice flying," says a woman.

"I didn't fly the plane. He did," says the man.

He points behind him.

Just then, a dog jumps out of the plane.

## 04 확인하기

Ⓐ 이야기를 읽고 맞으면 T, 틀리면 F에 동그라미 하세요.

1 비행기가 착륙하고 한 여자가 내렸다. True False

2 멋진 비행이었다고 비행사가 말한다. True False

3 남자는 자신이 비행하지 않았다고 말한다. True False

4 고양이 한 마리가 비행기에서 내렸다. True False

Ⓑ 누가 비행기를 운전했나요?

1 a woman

2 the man

3 a dog

# Flying Dogs

## 01 핵심단어 이야기의 핵심 단어와 표현을 읽어 보세요.

1 trainer ☐ 조련사

2 decide ☐ 결정[결심]하다
*과거형 decided

3 find out ☐ 알아내다
*과거형 found

4 choose ☐ 선택하다
*과거형 chose

5 train ☐ 훈련시키다
*과거형 trained

6 turn ☐ 꺾다, 돌다
*과거형 turned

7 left ☐ 왼쪽

8 right ☐ 오른쪽

9 go straight ☐ 직진하다
*과거형 went

10 up in the air ☐ 하늘 높이

11 one by one ☐ 하나하나씩

## 02 핵심문장 우리말 뜻을 읽고 빈칸에 알맞은 영어 표현을 쓰세요.

1 Can dogs fly ______s?
개가 비행기를 조종할 수 있을까?

2 He decided to ______ out.
그는 알아보기로 결심했다.

3 He ______ them on the ground.
그는 그들을 땅에서 훈련시켰다.

4 He used lights to teach them to ______ left or right.
그는 불을 이용해 왼쪽 또는 오른쪽으로 꺾도록 가르쳤다.

5 He taught them to go ______.
그는 직진하도록 가르쳤다.

6 He took the dogs up in the air one ______ one.
그는 개를 한 마리씩 하늘 높이 데려갔다.

## 03 스토리읽기

이야기를 읽고 각 문장을 우리말로 옮겨 보세요. 13-02

Can dogs fly planes? Dog trainer Mark decided to find out.

He chose three dogs: Reggie, Shadow, and Alfie.

First, he trained them on the ground.

He used lights to teach them to turn left, to turn right, and to go straight.

After that, he took the dogs up in the air one by one.

## 04 확인하기

Ⓐ 이야기를 읽고 맞으면 T, 틀리면 F에 동그라미 하세요.

1 마크는 개 조련사이다. True False

2 그는 30마리의 개를 훈련시켰다. True False

3 그는 불을 이용해서 개를 훈련시켰다. True False

4 개는 방향을 틀어 되돌아오는 법을 배웠다. True False

Ⓑ 첫째 줄에서 마크는 무엇을 알아보기로 했나요?

1 개가 날 수 있는지

2 개가 비행기를 조종할 수 있는지

3 불을 이용해서 개를 가르칠 수 있는지

# Flying Dogs

## 01 핵심단어 이야기의 핵심 단어와 표현을 읽어 보세요.

1 all ☐ 모두, 모든
2 pilot ☐ 조종하다
*과거형 piloted
3 each ☐ 각각
4 do ☐ 하다
*과거형 did
5 figure ☐ 숫자
6 in the air ☐ 공중에서
7 which ☐ 어느, 어떤
8 straight ☐ 계속해서
9 minute ☐ (시간 단위) 분

## 02 핵심문장 우리말 뜻을 읽고 빈칸에 알맞은 영어 표현을 쓰세요.

1 ______ dogs piloted the plane.
모든 개가 비행기를 조종했다.

2 Each dog flew in the ______.
각각의 개가 공중에서 날았다.

3 They even did a ______ eight.
그들은 심지어 숫자 8을 그렸다.

4 ______ dog flew first?
어느 개가 먼저 비행했을까?

5 Reggie ______ first.
레지가 먼저 날았다.

6 He did it for 15 straight ______s.
그는 15분 연속으로 그것을 했다.

## 03 스토리읽기

이야기를 읽고 각 문장을 우리말로 옮겨 보세요. 13-03

All three dogs piloted the plane.

Each dog even did a figure eight in the air.

Which dog flew first?

It was Reggie.

He flew a plane for 15 straight minutes.

## 04 확인하기

Ⓐ 이야기를 읽고 맞으면 T, 틀리면 F에 동그라미 하세요.

1 세 마리 개 모두가 비행기를 조종한 것은 아니다. True False

2 비행한 개 모두 공중에서 숫자 8을 그렸다. True False

3 레지가 제일 마지막으로 비행했다. True False

4 레지는 숫자 15를 공중에서 그렸다. True False

Ⓑ 레지는 몇 분 동안 연속 비행했나요?

1 3분

2 8분

3 15분

# The Dancing Spider

## 01 핵심단어 이야기의 핵심 단어와 표현을 읽어 보세요.

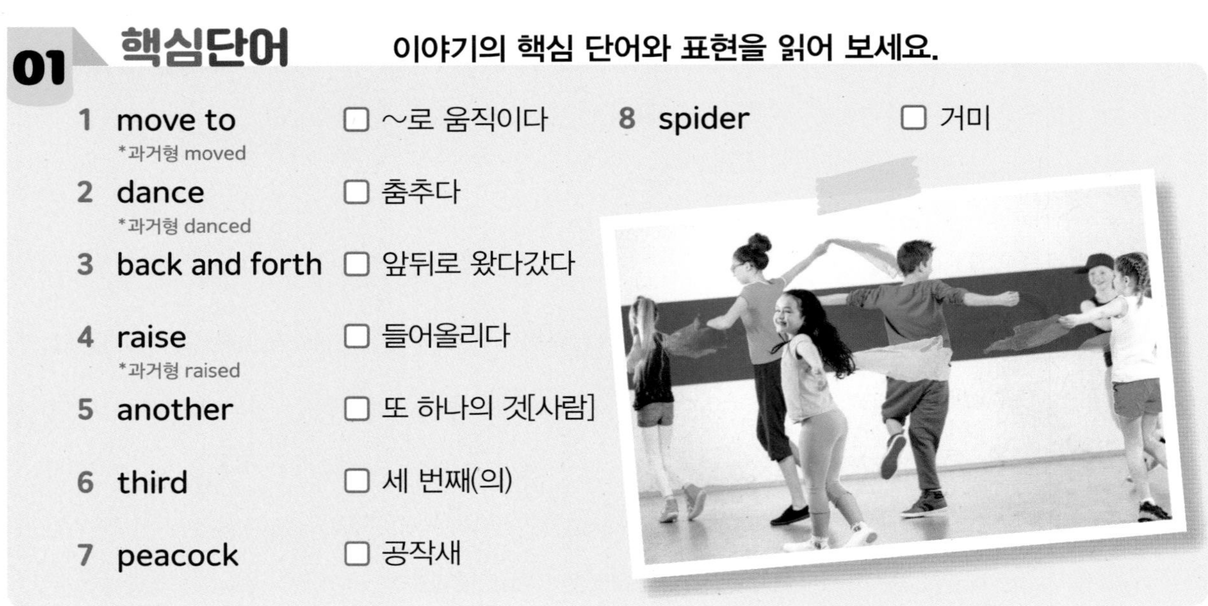

1 move to ☐ ~로 움직이다
*과거형 moved

2 dance ☐ 춤추다
*과거형 danced

3 back and forth ☐ 앞뒤로 왔다갔다

4 raise ☐ 들어올리다
*과거형 raised

5 another ☐ 또 하나의 것[사람]

6 third ☐ 세 번째(의)

7 peacock ☐ 공작새

8 spider ☐ 거미

## 02 핵심문장 우리말 뜻을 읽고 빈칸에 알맞은 영어 표현을 쓰세요.

1 He ______s to the left and right.
그는 왼쪽과 오른쪽으로 움직인다.

2 He dances ______ and forth.
그는 앞뒤로 왔다갔다 춤춘다.

3 He raises ______ leg.
그는 다리 하나를 든다.

4 He raises ______ leg.
그는 또 다른 다리를 든다.

5 He raises a ______ leg.
그는 세 번째 다리를 든다.

6 It's a peacock ______.
그것은 공작새거미이다.

## 03 스토리리딩

이야기를 읽고 각 문장을 우리말로 옮겨 보세요. 14-01

He moves to the left. He moves to the right.

He dances back and forth.

He raises one leg. He raises another.

He raises a third leg. A third leg?

What is dancing? It's a peacock spider.

## 04 확인하기

**A** 이야기를 읽고 맞으면 T, 틀리면 F에 동그라미 하세요.

1 거미는 좌우로 움직이며 춤춘다. True False

2 거미는 앞뒤로 움직이며 춤춘다. True False

3 거미는 빙글빙글 돌며 춤춘다. True False

4 거미는 다리를 들며 춤춘다. True False

**B** 밑줄 친 another은 무엇을 가리키나요?

1 a spider

2 a dance

3 a leg

# The Dancing Spider

## 01 핵심단어 이야기의 핵심 단어와 표현을 읽어 보세요.

1 male ☐ 남성, 수컷

2 female ☐ 여성, 암컷

3 adult ☐ 성인, 다 자란 동물

4 usually ☐ 보통, 일반적으로

5 centimeter ☐ 센티미터(cm)

6 colorful ☐ 화려한

7 part ☐ 부분, 일부

8 abdomen ☐ 배, 복부

## 02 핵심문장 우리말 뜻을 읽고 빈칸에 알맞은 영어 표현을 쓰세요.

1 It lives in ______.
그것은 호주에 산다.

2 ______ spiders dance for females.
수컷 거미는 암컷을 위해 춤춘다.

3 The ______ is tiny.
거미는 매우 작다.

4 An ______ is smaller than 0.5 centimeters.
다 자란 것은 0.5센티미터 미만이다.

5 The spider is very ______.
거미는 매우 화려하다.

6 Part of its ______ is blue.
그것의 배 일부는 파란색이다.

## 03 스토리리딩 이야기를 읽고 각 문장을 우리말로 옮겨 보세요. 14-02

It lives in Australia. Male peacock spiders dance for females.

The peacock spider is tiny.

An adult is usually smaller than 0.5 centimeters.

But the spider is very colorful.

Part of its abdomen is blue, red, green, yellow, or other colors.

## 04 확인하기

**A** 이야기를 읽고 맞으면 T, 틀리면 F에 동그라미 하세요.

1 공작새거미는 호주에 산다. True False

2 암컷 공작새거미는 짝을 찾기 위해 춤을 춘다. True False

3 다 큰 공작새거미는 5센티미터 이상이다. True False

4 공작새거미의 배는 색이 화려하다. True False

**B** 밑줄 친 blue, red, green, yellow, or other colors를 뜻하는 말은 무엇인가요?

1 tiny

2 part

3 colorful

Week 14

# The Dancing Spider

## 01 핵심단어 이야기의 핵심 단어와 표현을 읽어 보세요.

1 when ☐ ~할 때

2 lower ☐ 낮추다, 내리다
*과거형 lowered

3 up and down ☐ 위아래로

4 shuffle ☐ 발을 끌듯 춤추다

5 look for ☐ ~을 찾다
*과거형 looked

6 video ☐ 영상

7 watch ☐ 보다
*과거형 watched

8 in action ☐ 활동[동작]을 하는

## 02 핵심문장 우리말 뜻을 읽고 빈칸에 알맞은 영어 표현을 쓰세요.

1 ______ a male dances, he raises his body.
수컷이 춤출 때 그는 몸을 들어올린다.

2 He ______s the colorful part of his body.
그는 몸의 화려한 부분을 낮춘다.

3 He moves his legs up and ______.
그는 다리를 위아래로 움직인다.

4 He ______s back and forth.
그는 앞뒤로 발을 끌며 춤춘다.

5 Do you want to see it dance? ______ for a video.
그것이 춤추는 것을 보고 싶은가? 영상을 찾아보라.

6 You can watch the peacock spider in ______.
공작새거미가 그 동작을 하는 모습을 볼 수 있다.

## 03 스토리리딩

이야기를 읽고 각 문장을 우리말로 옮겨 보세요. 14-03

When a male dances, he raises and lowers the colorful part of his body.

He moves his legs up and down. He shuffles back and forth.

Do you want to see it dance?

Look for a video on the Internet.

You can watch the peacock spider in action.

## 04 확인하기

Ⓐ 이야기를 읽고 맞으면 T, 틀리면 F에 동그라미 하세요.

1 공작새거미 암컷은 화려한 몸을 움직여 춤춘다. **True** **False**

2 공작새거미는 다리를 위아래로 움직이며 춤춘다. **True** **False**

3 공작새거미는 발을 끌듯 춤춘다. **True** **False**

4 인터넷에 공작새거미가 춤추는 동영상이 있다. **True** **False**

Ⓑ 밑줄 친 it은 무엇을 가리키나요?

1 a male peacock spider

2 a female peacock spider

3 a spider's leg

Week 15

# The Music Thief

## 01 핵심단어 이야기의 핵심 단어와 표현을 읽어 보세요.

1 write ☐ 곡을 쓰다
*과거형 wrote

2 called ☐ ~라고 불리는

3 popular ☐ 인기 있는

4 Vatican ☐ 바티칸 교황청

5 itself ☐ 그 자신[자체]

6 pass ☐ 통과시키다
*과거형 passed

7 law ☐ 법

8 musician ☐ 음악가

9 can ☐ ~할 수 있다
*과거형 could

10 perform ☐ 연주하다
*과거형 performed

11 write down ☐ 받아 적다

## 02 핵심문장 우리말 뜻을 읽고 빈칸에 알맞은 영어 표현을 쓰세요.

1 He wrote some music ______ *Miserere*.
그는 〈미제레레〉라고 불리는 음악을 작곡했다.

2 It was ______ in the Vatican.
그것은 바티칸 교황청에서 인기가 있었다.

3 The Vatican wanted the music for ______.
바티칸 교황청은 그 음악을 그 자신을 위해서만 (사용하길) 원했다.

4 It passed a ______.
그것은 법을 통과시켰다.

5 Musicians could only ______ it at the Vatican.
음악가들은 그것을 오직 바티칸 교황청에서만 연주할 수 있었다.

6 Nobody could write it ______ either.
아무도 그것을 받아 적을 수도 없었다.

## 03 스토리리딩 이야기를 읽고 각 문장을 우리말로 옮겨 보세요. 15-01

In the 1630s, Gregorio Allegri wrote some music called *Miserere*.

* Gregorio Allegri 그레고리오 알레그리; 음악가 / *Miserere* 알레그리의 대표곡 〈미제레레〉

It was very popular in the Vatican.

The Vatican wanted the music for itself. So it passed a law.

Musicians could only perform *Miserere* at the Vatican.

And nobody could write the music down either.

## 04 확인하기

**A** 이야기를 읽고 맞으면 T, 틀리면 F에 동그라미 하세요.

1 〈미제레레〉는 1630년대에 발표된 곡이다. True False

2 바티칸 교황청은 이 곡에 대한 법을 통과시켰다. True False

3 〈미제레레〉를 그 어디에서도 연주할 수 없었다. True False

4 〈미제레레〉는 아무도 받아 적을 수 없었다. True False

**B** 밑줄 친 itself는 무엇을 가리키나요?

1 the Vatican

2 Gregorio Allegri

3 *Miserere*

# The Music Thief

## 01 핵심단어 이야기의 핵심 단어와 표현을 읽어 보세요.

1 publish ☐ 출판하다
*과거형 published
2 England ☐ 영국
3 shocked ☐ 충격받은
4 curious ☐ 궁금한
5 get ☐ 얻다, 구하다
*과거형 got
6 music ☐ 악보
7 steal ☐ 훔치다
*과거형 stole
8 when ☐ ~한 때
9 musical ☐ 음악의
10 genius ☐ 천재, 천재성

## 02 핵심문장 우리말 뜻을 읽고 빈칸에 알맞은 영어 표현을 쓰세요.

1 140 years later, he ______ the music.
140년 후에 그가 악보를 출판했다.

2 People were ______ and curious.
사람들은 충격을 받았고 궁금해했다.

3 How did he ______ the music?
그는 어떻게 그 악보를 구했을까?

4 Did he ______ it?
그가 그걸 훔쳤을까?

5 It was ______ Mozart was 14.
그것은 모차르트가 14살 때였다.

6 The musical ______ visited the Vatican and heard the music.
이 음악 천재는 바티칸 교황청을 방문해 그 곡을 들었다.

## 03 스토리리딩 이야기를 읽고 각 문장을 우리말로 옮겨 보세요. 15-02

140 years later in 1771, Charles Burney published *Miserere* in England.

People were shocked and curious.

How did he get the music? Did he steal it?

It was simple. It was when Wolfgang Amadeus Mozart was 14.

* Wolfgang Amadeus Mozart 볼프강 아마데우스 모차르트; 오스트리아의 고전 음악 작곡가

This musical genius visited the Vatican and heard *Miserere*.

## 04 확인하기

**A** 이야기를 읽고 맞으면 T, 틀리면 F에 동그라미 하세요.

1 1771년에 영국에서 〈미제레레〉의 악보가 출판되었다. True False

2 사람들은 출판 소식을 듣고 환호했다. True False

3 모차르트는 14살 때 바티칸 교황청을 방문했다. True False

4 모차르트가 14살 때 〈미제레레〉를 작곡했다. True False

**B** 밑줄 친 it은 무엇을 가리키나요?

1 *Miserere*

2 England

3 the Vatican

# The Music Thief

## 01 핵심단어

이야기의 핵심 단어와 표현을 읽어 보세요.

1 memorize ☐ 외우다
*과거형 memorized

2 entire ☐ 전부의, 전체의

3 piece ☐ (노래) 곡

4 order ☐ 명령하다
*과거형 ordered

5 explain ☐ 설명하다
*과거형 explained

6 praise ☐ 칭찬하다
*과거형 praised

7 natural ☐ 타고난

## 02 핵심문장

우리말 뜻을 읽고 빈칸에 알맞은 영어 표현을 쓰세요.

1 He wrote the music ______.
그는 그 곡을 받아 적었다.

2 He memorized the ______ piece.
그는 전곡을 외웠다.

3 The pope ______ Mozart.
교황은 모차르트에게 명령했다.

4 Mozart ______.
모차르트는 설명했다.

5 The pope was not ______.
교황은 화내지 않았다.

6 He praised Mozart for his ______ genius.
그는 모차르트의 타고난 천재성을 칭찬했다.

## 03 스토리리딩

이야기를 읽고 각 문장을 우리말로 옮겨 보세요. 15-03

Mozart loved the music, so he wrote it down.

He memorized the entire piece!

The pope ordered Mozart to visit the Vatican.

After Mozart explained, the pope was not angry.

Instead, he praised Mozart for his natural genius.

## 04 확인하기

**A** 이야기를 읽고 맞으면 T, 틀리면 F에 동그라미 하세요.

1 모차르트는 〈미제레레〉를 매우 좋아했다. **True** **False**

2 14살 때 모차르트는 〈미제레레〉를 듣고 전곡을 외웠다. **True** **False**

3 교황은 모차르트에게 매우 화가 났다. **True** **False**

4 교황은 모차르트의 천재성을 칭찬했다. **True** **False**

**B** 밑줄 친 단어 중 의미가 다른 것은 무엇인가요?

1 the music

2 the entire piece

3 genius

# An Odd Couple

## 01 핵심단어

이야기의 핵심 단어와 표현을 읽어 보세요.

1 walk ☐ 산책하다, 걷다
*진행형 be+walking

2 beach ☐ 해변

3 Brazil ☐ 브라질

4 be covered in ☐ ~로 덮이다
*과거형 was[were]

5 take home ☐ 집으로 데려가다
*과거형 took

6 clean ☐ 깨끗하게 하다
*과거형 cleaned

7 feather ☐ 깃털

8 feed ☐ 먹이다
*과거형 fed

9 slowly ☐ 천천히, 서서히

10 get better ☐ (상태가) 좋아지다
*과거형 got

## 02 핵심문장

우리말 뜻을 읽고 빈칸에 알맞은 영어 표현을 쓰세요.

1 He was walking on the ______.
그는 해변을 걷고 있었다.

2 It was ______ in oil.
그것은 기름에 덮여 있었다.

3 He took the penguin ______.
그는 펭귄을 집으로 데려갔다.

4 He cleaned the bird's ______s.
그는 새의 깃털을 닦아주었다.

5 He ______ the penguin fish.
그는 펭귄에게 물고기를 먹였다.

6 The penguin got ______.
펭귄은 상태가 좋아졌다.

## 03 스토리리딩

이야기를 읽고 각 문장을 우리말로 옮겨 보세요. 16-01

In 2011, Joao Pereira de Souza was walking on the beach in Brazil.

He saw a small penguin. <u>It</u> was covered in oil.

De Souza took the penguin home.

He cleaned the bird's feathers. He fed the penguin fish.

Slowly, the penguin got better.

## 04 확인하기

Ⓐ 이야기를 읽고 맞으면 T, 틀리면 F에 동그라미 하세요.

1 2011년에 데 수자는 브라질에 있었다. True False

2 데 수자는 산책 도중에 펭귄을 보았다. True False

3 펭귄은 아주 건강했다. True False

4 데 수자는 펭귄을 집으로 데려갔다. True False

Ⓑ 밑줄 친 it은 무엇을 가리키나요?

1 the beach

2 oil

3 a penguin

# An Odd Couple

## 01 핵심단어

이야기의 핵심 단어와 표현을 읽어 보세요.

1 take to ☐ ~로 데려가다
*과거형 took

2 let ~ go ☐ ~를 풀어주다
*과거형 let

3 be called ☐ ~라고 불리다
*과거형 was[were]

4 swim ☐ 헤엄치다, 수영하다
*과거형 swam

5 away ☐ 저쪽으로, 떨어져

6 freely ☐ 자유롭게

7 one day ☐ 어느 날

8 surprisingly ☐ 놀랍게도

9 show up ☐ 나타나다
*과거형 showed

## 02 핵심문장

우리말 뜻을 읽고 빈칸에 알맞은 영어 표현을 쓰세요.

1 He ______ the penguin to the beach.
그는 펭귄을 데리고 해변으로 갔다.

2 He let the bird ______.
그는 그 새를 풀어주었다.

3 The penguin was ______ Dindim.
그 펭귄은 '딘딤'이라고 불렸다.

4 The penguin ______ away.
그 펭귄은 헤엄쳐 가버렸다.

5 He was on the beach ______ day.
어느 날 그는 해변에 있었다.

6 Dindim ______ up.
딘딤이 나타났다.

## 03 스토리리딩

이야기를 읽고 각 문장을 우리말로 옮겨 보세요. 16-02

A few months later, de Souza took the penguin to the beach.

He let the bird go.

The penguin, called Dindim, swam away freely.

One day, de Souza was on the beach.

Surprisingly, Dindim showed up.

## 04 확인하기

Ⓐ 이야기를 읽고 맞으면 T, 틀리면 F에 동그라미 하세요.

1 데 수자는 한동안 펭귄을 돌봤다. True False

2 몇 년 뒤 그는 펭귄을 해변에 풀어주었다. True False

3 펭귄은 헤엄칠 수 없었다. True False

4 데 수자는 펭귄을 또 만났다. True False

Ⓑ 남자는 펭귄을 뭐라고 불렀나요?

1 Dindim

2 the bird

3 de Souza

Week 16

# An Odd Couple

DAY 01 02 03

## 01 핵심단어 이야기의 핵심 단어와 표현을 읽어 보세요.

1 recognize □ 알아보다
*과거형 recognized

2 wag □ 흔들다
*과거형 wagged

3 tail □ 꼬리

4 honking □ 끼룩거리는

5 June □ 6월

6 February □ 2월

7 let □ ~하게 하다
*과거형 let

8 pick up □ 들어 올리다
*과거형 picked

9 wash □ 씻기다
*과거형 washed

10 anyone else □ 다른 누구도

11 touch □ 만지다
*과거형 touched

## 02 핵심문장 우리말 뜻을 읽고 빈칸에 알맞은 영어 표현을 쓰세요.

1 Dindim ______ him.
딘딤은 그를 알아보았다.

2 He wagged his ______.
그는 자기 꼬리를 흔들었다.

3 He made ______ sounds.
그는 끼룩거리는 소리를 냈다.

4 He arrives in June and leaves in ______.
그는 6월에 도착하고 2월에 떠난다.

5 He lets de Souza ______ him up.
그는 데 수자가 자신을 들어올리게 해준다.

6 He won't let ______ else touch him.
그는 다른 누구도 자신을 만지게 놔두지 않는다.

## 03 스토리리딩

이야기를 읽고 각 문장을 우리말로 옮겨 보세요. 16-03

Dindim recognized de Souza.

Dindim wagged his tail. He made honking sounds, too.

Dindim visits de Souza every year. He arrives in June and leaves in February.

Dindim lets de Souza pick him up. De Souza feeds and washes the bird, too.

But Dindim won't let anyone else touch him.

## 04 확인하기

Ⓐ 이야기를 읽고 맞으면 T, 틀리면 F에 동그라미 하세요.

1 딘딤은 데 수자를 알아보았다. True False

2 펭귄은 매년 2월에 데 수자를 보러 온다. True False

3 데 수자는 딘딤에게 먹이를 준다. True False

4 다른 사람들도 딘딤을 만질 수 있다. True False

Ⓑ 딘딤이 데 수자를 보면 하는 행동이 <u>아닌</u> 것은 무엇인가요?

1 꼬리를 흔든다.

2 끼룩거리는 소리를 낸다.

3 데 수자를 들어올린다.

Week 17

# How to Train a Lizard

DAY 01 02 03

## 01 핵심단어

이야기의 핵심 단어와 표현을 읽어 보세요.

1 lizard ☐ 도마뱀

2 toad ☐ 두꺼비

3 hop ☐ 깡충깡충 뛰다
*진행형 be+hopping

4 grab ☐ (붙)잡다
*과거형 grabbed

5 thirty ☐ 30

6 second ☐ (시간 단위) 초

7 fall over ☐ 쓰러지다
*과거형 fell

8 die ☐ 죽다
*과거형 died

9 happen ☐ 발생하다
*과거형 happened

## 02 핵심문장

우리말 뜻을 읽고 빈칸에 알맞은 영어 표현을 쓰세요.

1 The ______ sees a toad.
도마뱀은 두꺼비를 본다.

2 The toad is ______ on the ground.
두꺼비는 땅에서 깡충깡충 뛴다.

3 The lizard ______s the toad and eats it.
도마뱀은 그 두꺼비를 잡아서 먹는다.

4 It ______s over.
그것은 쓰러진다.

5 It ______s.
그것은 죽는다.

6 The lizard ______ a cane toad.
도마뱀이 수수두꺼비를 먹었다.

## 03 스토리리딩 이야기를 읽고 각 문장을 우리말로 옮겨 보세요. 17-01

The monitor lizard sees a toad hopping on the ground.

* monitor lizard 왕도마뱀

The lizard grabs the toad and eats it.

Thirty seconds later, the lizard falls over and dies.

What happened?

The lizard ate a cane toad.

* cane toad 수수두꺼비

## 04 확인하기

Ⓐ 이야기를 읽고 맞으면 T, 틀리면 F에 동그라미 하세요.

1 왕도마뱀이 깡충깡충 뛰는 두꺼비를 발견한다. True False

2 왕도마뱀은 두꺼비를 잡아먹는다. True False

3 30분 후 왕도마뱀은 죽는다. True False

4 왕도마뱀이 먹은 것은 수수두꺼비이다. True False

Ⓑ 마지막 문장에서 알 수 있는 것은 무엇인가요?

1 왕도마뱀은 두꺼비를 먹으면 기절한다.

2 모든 두꺼비는 독이 있다.

3 수수두꺼비는 독이 있다.

Week 17

# How to Train a Lizard

## 01 핵심단어 이야기의 핵심 단어와 표현을 읽어 보세요.

1 highly ☐ 매우, 크게

2 poisonous ☐ 독성의

3 or ☐ 또는, 혹은

4 become sick ☐ 병들다
*과거형 became

5 more than ☐ ~보다 더

6 Australian ☐ 호주의

7 nowadays ☐ 최근, 요즘에는

## 02 핵심문장 우리말 뜻을 읽고 빈칸에 알맞은 영어 표현을 쓰세요.

1 Cane toads are ______ poisonous.
수수두꺼비는 매우 독성이 강하다.

2 ______s that eat cane toads dies.
수수두꺼비를 먹는 동물은 죽는다.

3 Or they become ______.
또는 그들은 병든다.

4 90% of ______s have died.
90퍼센트의 도마뱀이 죽었다.

5 Scientists ______ monitor lizards.
과학자들은 왕도마뱀을 훈련시킨다.

6 ______ monitor lizards are trained not to eat cane toads.
요즘에는 왕도마뱀이 수수두꺼비를 먹지 않도록 훈련받는다.

## 03 스토리리딩

이야기를 읽고 각 문장을 우리말로 옮겨 보세요. 17-02

Cane toads are highly poisonous.

So animals that eat cane toads die or become sick.

Cane toads in Australia are killing many animals.

More than 90% of all Australian monitor lizards have died.

Some scientists train monitor lizards not to eat cane toads nowadays.

## 04 확인하기

Ⓐ 이야기를 읽고 맞으면 T, 틀리면 F에 동그라미 하세요.

1 두꺼비는 독이 없다. True False

2 호주에서는 수수두꺼비를 먹고 많은 동물이 죽었다. True False

3 전 세계 왕도마뱀 중 90퍼센트 이상이 죽었다. True False

4 호주 과학자들은 왕도마뱀이 수수두꺼비를 먹지 않도록 훈련시킨다. True False

Ⓑ 세 번째 문장에서 알 수 있는 것은 무엇인가요?

1 호주에는 왕도마뱀이 매우 많다.

2 호주에는 수수두꺼비를 먹는 동물이 많다.

3 호주에는 많은 사람이 사냥을 한다.

Week 17

# How to Train a Lizard

## 01 핵심단어　이야기의 핵심 단어와 표현을 읽어 보세요.

| | | | | | |
|---|---|---|---|---|---|
| 1 | feed *과거형 fed | ☐ 먹이다 | 8 | safely | ☐ 안전하게 |
| 2 | young | ☐ 어린 | 9 | beside | ☐ 옆에서 |
| 3 | get sick *과거형 got | ☐ 병들다 | 10 | deadly | ☐ 치명적인 |
| 4 | other | ☐ (그 밖의) 다른 | | | |
| 5 | avoid *과거형 avoided | ☐ 피하다 | | | |
| 6 | become ill *과거형 became | ☐ 병들다 | | | |
| 7 | trained | ☐ 훈련받은 | | | |

## 02 핵심문장　우리말 뜻을 읽고 빈칸에 알맞은 영어 표현을 쓰세요.

1 Scientists ______ lizards toads.
과학자들은 왕도마뱀에게 두꺼비를 먹인다.

2 The lizards eat the toads and ______ sick.
도마뱀은 두꺼비를 먹고 병든다.

3 The lizards see ______ cane toads.
도마뱀은 다른 수수두꺼비들을 본다.

4 The lizards ______ the toads.
도마뱀은 두꺼비를 피한다.

5 They don’t want to become ______.
그들은 병들고 싶지 않다.

6 The trained lizards live safely beside the ______ toads.
훈련받은 도마뱀은 이 치명적인 두꺼비 옆에서 안전하게 산다.

## 03 스토리리딩 이야기를 읽고 각 문장을 우리말로 옮겨 보세요. 17-03

The scientists feed monitor lizards young cane toads.

The lizards eat the toads and get sick. But they don't die.

Later, when the lizards see other cane toads, they avoid the toads.

They don't want to become ill again.

Now, the trained lizards can live safely beside the deadly toads.

## 04 확인하기

Ⓐ 이야기를 읽고 맞으면 T, 틀리면 F에 동그라미 하세요.

1 과학자들이 왕도마뱀에게 어린 수수두꺼비를 먹인다. **True** **False**

2 어린 수수두꺼비를 먹고 왕도마뱀은 병에 든다. **True** **False**

3 몇몇 왕도마뱀은 어린 수수두꺼비를 먹고 죽었다. **True** **False**

4 훈련받은 왕도마뱀은 이제 수수두꺼비를 먹지 않는다. **True** **False**

Ⓑ 밑줄 친 they는 무엇을 가리키나요?

1 scientists

2 monitor lizards

3 cane toads

# Twins... But Different

## 01 핵심단어 이야기의 핵심 단어와 표현을 읽어 보세요.

1 brother ☐ 형제

2 twin ☐ 쌍둥이

3 same ☐ 똑같은

4 share ☐ 같은 ~을 갖다
*과거형 shared

5 color ☐ 색깔

6 almost ☐ 거의

7 height ☐ 키

8 go away ☐ 떠나다
*과거형 went

## 02 핵심문장 우리말 뜻을 읽고 빈칸에 알맞은 영어 표현을 쓰세요.

1 Scott and Mark are ______s.
스콧과 마크는 형제이다.

2 They are ______s. They look the same.
그들은 쌍둥이다. 그들은 똑같이 생겼다.

3 They ______ the same hair color.
그들은 똑같은 머리카락 색깔을 가졌다. (머리색이 똑같다.)

4 They have the ______ eye color.
그들은 똑같은 눈동자 색깔을 가졌다. (눈동자 색이 똑같다.)

5 They are almost the same ______.
그들은 키도 거의 같다.

6 Scott went ______ for twelve months.
스콧은 12개월 동안 떠나 있었다.

## 03 스토리읽기 이야기를 읽고 각 문장을 우리말로 옮겨 보세요. 18-01

Scott Kelly and Mark Kelly are brothers.

They are also twins. So they look the same.

They share the same hair color and eye color.

They are almost the same height.

But Scott went away for twelve months.

## 04 확인하기

Ⓐ 이야기를 읽고 맞으면 T, 틀리면 F에 동그라미 하세요.

1 스콧과 마크는 형제이다. True False

2 둘은 쌍둥이이다. True False

3 둘은 머리카락 색깔과 눈동자 색깔이 같다. True False

4 둘의 키는 정확히 똑같다. True False

Ⓑ 스콧은 얼마 동안 떠나 있었나요?

1 one year

2 two years

3 three years

# Twins... But Different

## 01 핵심단어

이야기의 핵심 단어와 표현을 읽어 보세요.

1 come back ☐ 돌아오다
*과거형 came

2 different ☐ 다른

3 taller ☐ 키가 더 큰

4 in fact ☐ 사실, 실제로

5 about ☐ 약, ~쯤

6 space ☐ 우주

7 spend ☐ (시간을) 보내다
*과거형 spent

## 02 핵심문장

우리말 뜻을 읽고 빈칸에 알맞은 영어 표현을 쓰세요.

1 He came ______.
그가 돌아왔다.

2 He was ______.
그는 달랐다.

3 He was ______.
그는 키가 더 컸다.

4 He was ______ four centimeters taller.
그는 키가 약 4센티미터 더 컸다.

5 He was on the International ______ Station.
그는 국제 우주 정거장에 있었다.

6 He ______ one year in space.
그는 우주에서 1년을 보냈다.

## 03 스토리읽기

이야기를 읽고 각 문장을 우리말로 옮겨 보세요. 18-02

When Scott came back, he was different.

He was taller than his brother.

In fact, he was about four centimeters taller.

Scott was on the International Space Station.

* International Space Station 국제 우주 정거장

He spent one year in space.

## 04 확인하기

Ⓐ 이야기를 읽고 맞으면 T, 틀리면 F에 동그라미 하세요.

1 스콧은 우주에서 돌아왔을 때 달라진 점이 있었다. True False

2 스콧은 머리카락과 눈동자 색깔이 달라졌다. True False

3 스콧은 우주에서 키가 커졌다. True False

4 스콧은 국제 우주 정거장에서 1년을 머물렀다. True False

Ⓑ 스콧의 키는 우주에서 얼마나 더 커졌나요?

1 4cm

2 14cm

3 40cm

# Twins... But Different

## 01 핵심단어 이야기의 핵심 단어와 표현을 읽어 보세요.

1 gravity ☐ 중력
2 bone ☐ 뼈
3 move apart ☐ 벌어지다
*과거형 moved
4 Earth ☐ 지구
5 shorter ☐ 더 짧은
6 stand ☐ 서다
*과거형 stood
7 next to ☐ ~ 바로 옆에
8 each other ☐ 서로

## 02 핵심문장 우리말 뜻을 읽고 빈칸에 알맞은 영어 표현을 쓰세요.

1 There is no ______.
중력이 없다.

2 The bones move ______.
뼈가 벌어진다.

3 That makes people ______.
그것이 사람들을 더 크게 만든다.

4 People get ______.
사람들은 키가 작아진다.

5 Scott and Mark stood ______ to each other.
스콧과 마크는 서로 옆으로 (나란히) 섰다.

6 They were the ______ height again.
그들은 키가 다시 같았다.

## 03 스토리읽기 이야기를 읽고 각 문장을 우리말로 옮겨 보세요. 18-03

In space, there is no gravity. So the bones in the body move apart.

That makes people taller in space.

Back on the Earth, there is gravity. So people get shorter.

A few days later, Scott and Mark stood next to each other.

They were the same height again.

## 04 확인하기

Ⓐ 이야기를 읽고 맞으면 T, 틀리면 F에 동그라미 하세요.

1 우주에는 중력이 없다. True False

2 지구에는 중력이 있어 뼈가 늘어난다. True False

3 며칠 후 스콧과 마크는 옆으로 나란히 섰다. True False

4 스콧은 원래의 키로 돌아오지 않았다. True False

Ⓑ 우주에서 키가 커지는 이유는 무엇 때문인가요?

1 food

2 space

3 gravity

Week 19

# A Vault in the Middle of Nowhere

DAY 01 02 03

## 01 핵심단어

이야기의 핵심 단어와 표현을 읽어 보세요.

1 somewhere ☐ 어딘가에

2 close ☐ 가까운

3 North Pole ☐ 북극

4 shine ☐ 빛나다, 반짝이다
*진행형 be+shining

5 come from ☐ ~에서 나오다
*과거형 came

6 dark ☐ 어두운

7 tunnel ☐ 터널, 통로

8 inside ☐ 안(에)

9 as ~ as … ☐ …만큼 ~한

10 freezer ☐ 냉동고

11 Santa (Claus) ☐ 산타(클로스)

## 02 핵심문장

우리말 뜻을 읽고 빈칸에 알맞은 영어 표현을 쓰세요.

1 ______ close to the North Pole
북극과 가까운 어딘가에서

2 A ______ is shining.
빛이 반짝이고 있다.

3 The light is coming ______ a building.
그 빛은 한 건물에서 나오고 있다.

4 There's a long, dark tunnel ______.
안에는 길고 어두운 터널이 있다.

5 It is as cold ______ a freezer.
그것은 냉동고만큼 춥다.

6 Is this place ______'s home?
이곳은 산타의 집인가?

## 03 스토리리딩

이야기를 읽고 각 문장을 우리말로 옮겨 보세요. 19-01

Somewhere close to the North Pole, a green light is shining.

The light is coming from a strange building.

There's a long, dark tunnel inside.

And it is as cold as a freezer.

Is this place Santa's home?

## 04 확인하기

Ⓐ 이야기를 읽고 맞으면 T, 틀리면 F에 동그라미 하세요.

1 한 건물에서 이상한 빛이 새어 나오고 있다. **True** **False**

2 이 빛은 빨간색이다. **True** **False**

3 건물 안에 매우 어두운 방이 있다. **True** **False**

4 건물 안은 매우 춥다. **True** **False**

Ⓑ 밑줄 친 this place는 무엇을 가리키나요?

1 North Pole

2 a strange building

3 Santa's home

# A Vault in the Middle of Nowhere

DAY 01 02 03

## 01 핵심단어 이야기의 핵심 단어와 표현을 읽어 보세요.

1 seed ☐ 씨앗
2 bank ☐ 은행
3 located ☐ ~에 위치한
4 Norway ☐ 노르웨이
5 country ☐ 나라
6 keep ☐ 보관하다
*과거형 kept
7 corn ☐ 옥수수
8 potato ☐ 감자
9 crop ☐ 작물
10 right now ☐ 지금 현재
11 kind ☐ 종류

## 02 핵심문장 우리말 뜻을 읽고 빈칸에 알맞은 영어 표현을 쓰세요.

1 It is a ______ bank.
그것은 씨앗 은행이다.

2 It's ______ in Norway.
그것은 노르웨이에 위치해 있다.

3 Many countries ______ seeds there.
많은 나라가 그곳에 씨앗을 보관한다.

4 There are seeds for many ______s.
많은 작물의 씨앗이 있다.

5 The vault has many ______s of seeds.
그 금고는 많은 종류의 씨앗을 갖고 있다.

6 It has ______ than 980,000 seeds.
그것은 98만 종 이상의 씨앗을 가지고 있다.

## 03 스토리리딩 이야기를 읽고 각 문장을 우리말로 옮겨 보세요. 19-02

It is the Svalbard Global Seed Vault.

* Svalbard Global Seed Vault 스발바르 국제 종자 저장고

It is a seed bank. It's located in Norway.

Many countries keep seeds there.

There are seeds for corn, potatoes, and other crops.

Right now, the vault has more than 980,000 kinds of seeds.

## 04 확인하기

**A** 이야기를 읽고 맞으면 T, 틀리면 F에 동그라미 하세요.

1 예금 은행에 대한 설명이다. True False

2 이 은행에는 노르웨이 씨앗만 보관한다. True False

3 옥수수와 감자 씨앗은 보관하지 않는다. True False

4 현재 98만 종 이상의 씨앗을 보관하고 있다. True False

**B** 이 은행은 어느 나라에 있나요?

1 미국

2 노르웨이

3 스웨덴

# A Vault in the Middle of Nowhere

DAY 01 02 03

## 01 핵심단어

이야기의 핵심 단어와 표현을 읽어 보세요.

1 quarter ☐ 1/4
2 American ☐ 미국의
3 because of ☐ ~때문에
4 disease ☐ 질병, 병해
5 similar ☐ 비슷한
6 event ☐ 사건, 일
7 safe ☐ 안전한
8 far away ☐ 멀리 떨어진
9 in the future ☐ 미래에
10 might ☐ ~할지도 모른다
11 keep alive ☐ 살아 있다
*과거형 kept

## 02 핵심문장

우리말 뜻을 읽고 빈칸에 알맞은 영어 표현을 쓰세요.

1 A ______ of the American corn crop died.
미국 옥수수 작물의 1/4이 죽었다.

2 It happened because of a ______.
그 일은 병해 때문에 일어났다.

3 There were other ______ events.
다른 비슷한 사건들이 있었다.

4 People wanted a ______ place for seeds.
사람들은 씨앗을 위한 안전한 장소를 원했다.

5 They built it ______ away from many problems.
그들은 그것을 많은 문제점과 멀리 떨어진 곳에 지었다.

6 These seeds keep us ______.
이런 씨앗은 우리가 살아 있게 해준다.

## 03 스토리리딩

이야기를 읽고 각 문장을 우리말로 옮겨 보세요. 19-03

In the 1970s, a quarter of the American corn crop died.

It happened because of a disease. There were other similar events, too.

People wanted a safe place for seeds.

So they built this seed bank far away from many problems.

In the future, these seeds might help keep us alive.

## 04 확인하기

Ⓐ 이야기를 읽고 맞으면 T, 틀리면 F에 동그라미 하세요.

1 1970년대에 전 세계 옥수수 작물의 1/4이 죽었다. True False

2 병해 때문에 작물이 죽었다. True False

3 사람들은 씨앗을 안전하게 보관하고 싶었다. True False

4 멀리 떨어진 곳에 종자은행을 지었다. True False

Ⓑ 밑줄 친 other similar events는 무엇을 가리키나요?

1 많은 작물이 한꺼번에 죽은 일

2 노르웨이에 건물을 많이 지은 일

3 문제를 피해 안전한 곳으로 이동한 일

# A Bear Named Winnie

## 01 핵심단어 이야기의 핵심 단어와 표현을 읽어 보세요.

1 travel ☐ 여행하다
*진행형 be+traveling

2 Canada ☐ 캐나다

3 bear cub ☐ 새끼 곰

4 buy ☐ 사다
*과거형 bought

5 call ☐ ~라고 부르다
*과거형 called

6 take to ~ ☐ ~로 데리고 가다
*과거형 took

7 army camp ☐ 군부대

8 solider ☐ 군인

9 laugh ☐ 웃다
*과거형 laughed

## 02 핵심문장 우리말 뜻을 읽고 빈칸에 알맞은 영어 표현을 쓰세요.

1 He was traveling in ______.
그는 캐나다에서 여행을 하고 있었다.

2 He saw a man with a bear ______.
그는 새끼 곰을 가진 남자를 보았다.

3 He ______ the bear.
그는 그 곰을 샀다.

4 He ______ her Winnie.
그는 그녀를 '위니'라 불렀다.

5 He took her to his ______ camp.
그는 그녀를 자신의 군부대로 데려갔다.

6 She made the soldiers ______.
그녀는 군인들을 웃게 만들었다.

## 03 스토리리딩 이야기를 읽고 각 문장을 우리말로 옮겨 보세요. 20-01

In 1914, Harry Colebourn was traveling in Canada.

There, he saw a man with a bear cub.

Colebourn bought the bear. He called her Winnie.

He took her to his army camp.

She made the soldiers laugh.

## 04 확인하기

**A** 이야기를 읽고 맞으면 T, 틀리면 F에 동그라미 하세요.

1 1914년에 콜번은 캐나다에 있었다. True False

2 콜번은 홀로 있는 새끼 곰을 우연히 발견했다. True False

3 콜번은 새끼 곰을 군부대로 데려갔다. True False

4 군인들은 새끼 곰을 무서워했다. True False

**B** 콜번의 직업은 무엇인가요?

1 여행자

2 군인

3 서커스 광대

Week 20

# A Bear Named Winnie

## 01 핵심단어 이야기의 핵심 단어와 표현을 읽어 보세요.

1 soon □ 곧

2 sail □ 항해하다
*과거형 sailed

3 England □ 영국

4 be going to □ ~할 것이다

5 fight □ 싸우다
*과거형 fought

6 World War □ 세계 대전

7 zoo □ 동물원

8 popular □ 인기가 많은

9 visit □ 방문하다
*과거형 visited

10 love □ 매우 좋아하다
*과거형 loved

## 02 핵심문장 우리말 뜻을 읽고 빈칸에 알맞은 영어 표현을 쓰세요.

1 They sailed to ______.
그들은 배를 타고 영국으로 갔다.

2 He was going to ______ in World War I.
그는 제1차 세계 대전에 싸우러 나갈 것이었다.

3 He gave Winnie to a ______.
그는 위니를 동물원에 주었다.

4 Winnie was really ______.
위니는 매우 인기가 많았다.

5 He ______ the zoo with his father.
그는 아버지와 동물원을 방문했다.

6 The boy ______ Winnie very much.
소년은 위니를 매우 좋아했다.

## 03 스토리리딩 이야기를 읽고 각 문장을 우리말로 옮겨 보세요. 20-02

Soon, Colebourn and Winnie sailed to England.

He was going to fight in World War I. So he gave Winnie to a zoo.

At the zoo, Winnie was really popular.

One day, Christopher Robin visited the zoo with his father.

The boy loved Winnie very much.

## 04 확인하기

Ⓐ 이야기를 읽고 맞으면 T, 틀리면 F에 동그라미 하세요.

1 얼마 후, 콜번은 미국으로 돌아갔다. **True** False

2 콜번은 위니를 박물관에 데려갔다. **True** False

3 동물원 방문객들은 위니를 좋아하지 않았다. **True** False

4 한 소년이 위니를 매우 좋아했다. **True** False

Ⓑ 밑줄 친 boy는 누구를 가리키나요?

1 Colebourn

2 Christopher Robin

3 Winnie

# A Bear Named Winnie

## 01 핵심단어 이야기의 핵심 단어와 표현을 읽어 보세요.

1 name ☐ 이름을 붙이다
*과거형 named

2 favorite ☐ 가장 좋아하는

3 teddy bear ☐ 곰 인형

4 get an idea ☐ 생각이 떠오르다
*과거형 got

5 start ~ing ☐ ~하기 시작하다
*과거형 started

6 a lot of ~ ☐ 수많은 ~

7 enjoy ☐ 즐기다
*과거형 enjoyed

8 base on ~ ☐ ~을 바탕으로 하다
*과거형 based

9 story ☐ 이야기, 동화

10 real ☐ 진짜의, 실제의

## 02 핵심문장 우리말 뜻을 읽고 빈칸에 알맞은 영어 표현을 쓰세요.

1 Teddy bear was his ______ toy.
곰 인형은 그가 가장 좋아하는 장난감이었다.

2 He named his teddy ______ Winnie the Pooh.
그는 자신의 곰 인형를 위니 더 푸라고 이름 붙였다.

3 The boy's father got an ______.
소년의 아버지에게 한 가지 생각이 떠올랐다.

4 He ______ writing about them.
그는 그들에 관해 글을 쓰기 시작했다.

5 A lot of people ______ his books.
많은 사람이 그의 책을 즐긴다.

6 He based his stories on a ______ bear.
그는 자신의 이야기를 진짜 곰을 바탕으로 했다.

## 03 스토리리딩

이야기를 읽고 각 문장을 우리말로 옮겨 보세요. 20-03

Christopher Robin named his favorite teddy bear Winnie the Pooh.

The boy's father got an idea.

He started writing about Christopher Robin and Winnie the Pooh.

A lot of people enjoy and like A.A. Milne's *Winnie the Pooh* books today.

* A.A. Milne 앨런 알렉산더 밀른; 아동문학 작가 / *Winnie the Pooh* 밀른의 동화 <곰돌이 푸>

And he based his stories on a real bear.

.................................................................

.................................................................

.................................................................

.................................................................

.................................................................

## 04 확인하기

**A** 이야기를 읽고 맞으면 T, 틀리면 F에 동그라미 하세요.

1 소년은 곰의 이름을 따서 곰 인형 이름을 지었다. True False

2 소년의 아버지는 아들의 그림을 그렸다. True False

3 〈곰돌이 푸〉는 소년과 곰에 관한 이야기이다. True False

4 요즘 〈곰돌이 푸〉는 인기가 식었다. True False

**B** 밑줄 친 he는 누구를 가리키나요?

1 해리 콜번

2 크리스토퍼 로빈

3 A.A. 밀른

Week 21

# Man's Best Friend

## 01 핵심단어 이야기의 핵심 단어와 표현을 읽어 보세요.

| | | | | | |
|---|---|---|---|---|---|
| 1 | emergency | □ 응급 (상황) | 8 | nobody | □ 아무도 ~않다 |
| 2 | operator | □ 교환원 | 9 | speak<br>*과거형 spoke | □ 말하다 |
| 3 | listen | □ (귀 기울여) 듣다 | 10 | call | □ 전화, 통화 |
| 4 | hear<br>*과거형 heard | □ 듣다 | | | |
| 5 | nothing | □ 아무것도 | | | |
| 6 | hang up<br>*과거형 hung | □ (전화를) 끊다 | | | |
| 7 | ring<br>*과거형 rang | □ 울리다 | | | |

## 02 핵심문장 우리말 뜻을 읽고 빈칸에 알맞은 영어 표현을 쓰세요.

1 What's your ______?
어떤 응급 상황인가요?

2 The operator listened. She heard ______.
교환원은 귀 기울여 들었다. 그녀는 아무것도 듣지 못했다.

3 She ______ up the phone.
그녀는 전화를 끊었다.

4 A few seconds later, the phone ______ again.
몇 초 후 전화가 또 울렸다.

5 Again, nobody ______.
또 아무도 말하지 않았다.

6 Ten ______s came from the same phone number.
같은 번호에서 열 통의 전화가 왔다.

## 03 스토리리딩 이야기를 읽고 각 문장을 우리말로 옮겨 보세요. 21-01

"Hello. 911. What's your emergency?"

* 911 구급차 등을 부르는 미국의 긴급 전화번호

The 911 operator listened but heard nothing.

She hung up the phone.

A few seconds later, the phone rang again. Again, nobody spoke.

Ten calls came from the same phone number.

## 04 확인하기

**A** 이야기를 읽고 맞으면 T, 틀리면 F에 동그라미 하세요.

1 누군가 911에 전화했다. True False

2 교환원이 전화를 받았지만 소리가 잘 들리지 않았다. True False

3 상대방은 아무 말도 하지 않았다. True False

4 같은 번호에서 여러 통의 전화가 왔다. True False

**B** 같은 번호로 전화가 몇 번 왔나요?

1 9번

2 10번

3 11번

Week 21

# Man's Best Friend

## 01 핵심단어 이야기의 핵심 단어와 표현을 읽어 보세요.

1 last ☐ 마지막의

2 carefully ☐ 주의 깊게

3 problem ☐ 문제

4 wait ☐ 기다리다
*과거형 waited/진행형 be+waiting

5 ambulance ☐ 응급차

6 arrive ☐ 도착하다
*과거형 arrived

7 front ☐ 앞쪽의

8 yard ☐ 마당, 뜰

9 rescue worker ☐ 구조원

10 follow ☐ 따라가다
*과거형 followed

11 backyard ☐ 뒤뜰

## 02 핵심문장 우리말 뜻을 읽고 빈칸에 알맞은 영어 표현을 쓰세요.

1 The operators listened ________.
교환원은 주의 깊게 들었다.

2 A man has a ________.
한 남자에게 문제가 있다.

3 They sent an ________ to his house.
그들은 그의 집으로 구급차를 보냈다.

4 It ________ at the home.
그것은 집에 도착했다.

5 A dog was waiting in the ________ yard.
앞마당에 개 한 마리가 기다리고 있었다.

6 ________ workers followed the dog to the backyard.
구조원들은 개를 따라 뒤뜰로 갔다.

## 03 스토리리딩

이야기를 읽고 각 문장을 우리말로 옮겨 보세요. 21-02

On the last call, the operators listened carefully.

"Wait. I think..." said one. "A man has a problem."

They sent an ambulance to his house.

When it arrived at the home, a dog was waiting in the front yard.

Rescue workers followed the dog to the backyard.

## 04 확인하기

Ⓐ 이야기를 읽고 맞으면 T, 틀리면 F에 동그라미 하세요.

1 교환원들이 마지막 전화를 주의 깊게 들었다. True False

2 한 교환원은 어떤 남자에게 문제가 있는 것 같다고 했다. True False

3 남자의 집으로 구조견을 보냈다. True False

4 구조원들은 개를 따라 뒤뜰로 갔다. True False

Ⓑ 밑줄 친 it은 무엇을 가리키나요?

1 the last call

2 a problem

3 an ambulance

# Man's Best Friend

## 01 핵심단어 이야기의 핵심 단어와 표현을 읽어 보세요.

1 lie ☐ 눕다
*진행형 be+lying
2 quickly ☐ 재빨리
3 hospital ☐ 병원
4 owner ☐ 주인
5 named ☐ ~라는 이름의
6 act ☐ 행동을 취하다
*과거형 acted
7 pull out ☐ 꺼내다
*과거형 pulled
8 pocket ☐ 주머니
9 paw ☐ (동물의) 발
10 thanks to ☐ ~ 덕분에

## 02 핵심문장 우리말 뜻을 읽고 빈칸에 알맞은 영어 표현을 쓰세요.

1 Rescue workers ______ a man.
구조원들이 한 남자를 발견했다.

2 He was ______ on the ground.
그는 땅에 누워 있었다.

3 They took him to the ______.
그들은 그를 병원으로 데려갔다.

4 When his ______ became sick, the dog acted.
그의 주인이 아프자 개가 행동을 취했다.

5 He ______ the phone out of the pocket.
그는 주머니에서 전화기를 꺼냈다.

6 ______ to Major, Terry is still alive.
메이저 덕분에 테리는 여전히 살아 있다.

## 03 스토리리딩

이야기를 읽고 각 문장을 우리말로 옮겨 보세요. 21-03

Rescue workers found a man lying on the ground.

They quickly took him to the hospital.

When his owner became sick, the dog, named Major, acted.

He pulled the phone out of Terry's pocket. Then, he called 911 with his paws.

Thanks to Major, Terry is still alive today.

## 04 확인하기

Ⓐ 이야기를 읽고 맞으면 T, 틀리면 F에 동그라미 하세요.

1 구조대가 쓰러져 있는 한 남자를 발견했다. True False

2 남자를 재빨리 병원으로 이송했다. True False

3 이웃이 911에 전화를 했다. True False

4 주인은 무사했다. True False

Ⓑ 개는 어느 신체 부위를 이용해 전화를 걸었나요?

1 입

2 발

3 꼬리

# The Will to Live

DAY 01 02 03

## 01 핵심단어

이야기의 핵심 단어와 표현을 읽어 보세요.

1 April ☐ 4월
2 normal ☐ 평범한, 보통의
3 Nepal ☐ 네팔
4 noon ☐ 정오
5 shake ☐ 흔들(리)다
*동명사 shaking
6 powerful ☐ 강한
7 earthquake ☐ 지진
8 destroy ☐ 파괴하다
*과거형 destroyed
9 village ☐ 마을
10 avalanche ☐ (눈/산)사태
11 hurt ☐ 다친

## 02 핵심문장

우리말 뜻을 읽고 빈칸에 알맞은 영어 표현을 쓰세요.

1 April 25 was a ______ day.
4월 25일은 평범한 날이었다.

2 The ground started ______.
땅이 흔들리기 시작했다.

3 A powerful ______ happend.
강력한 지진이 일어났다.

4 It ______ entire villages.
그것은 여러 마을 전체를 파괴했다.

5 There were ______s in the mountains.
산에는 눈사태가 났다.

6 Around 9,000 people died. 20,000 people were ______.
약 9천 명이 사망했다. 2만 명이 다쳤다.

## 03 스토리리딩 이야기를 읽고 각 문장을 우리말로 옮겨 보세요. 22-01

April 25, 2015, was a normal day in Nepal.

Before noon, the ground started shaking.

A powerful earthquake destroyed entire villages.

There were avalanches in the mountains.

Around 9,000 people died, and 20,000 people were hurt.

## 04 확인하기

Ⓐ 이야기를 읽고 맞으면 T, 틀리면 F에 동그라미 하세요.

1 2015년 4월 25일에 네팔에서 있었던 일이다. True False

2 오전에 지진이 일어났다. True False

3 지진으로 눈사태가 발생했다. True False

4 부상자는 거의 없었다. True False

Ⓑ 밑줄 친 단어 중 지진의 강도를 나타내는 말은 무엇인가요?

1 normal

2 powerful

3 hurt

Week 22

# The Will to Live

DAY 01 02 03

## 01 핵심단어 이야기의 핵심 단어와 표현을 읽어 보세요.

| | | | | | |
|---|---|---|---|---|---|
| 1 | survivor | □ 생존자 | 8 | most | □ 대부분의 |
| 2 | a few | □ 소수의 사람 | 9 | rescuer | □ 구조원 |
| 3 | heavy rain | □ 폭우 | 10 | be ready to<br>*과거형 was[were] | □ ~할 준비가 되다 |
| 4 | searching | □ 수색, 탐색 | 11 | give up<br>*과거형 gave | □ 포기하다 |
| 5 | even more | □ 더더욱, 한층 더 | 12 | person | □ 사람 |
| 6 | nature | □ 자연 | | | |
| 7 | against | □ ~에 불리한[맞서] | | | |

## 02 핵심문장 우리말 뜻을 읽고 빈칸에 알맞은 영어 표현을 쓰세요.

1 People started looking for ______s.
사람들이 생존자를 찾기 시작했다.

2 People found a ______.
사람들은 몇 명을 발견했다.

3 ______ rain made searching difficult.
폭우가 수색을 어렵게 만들었다.

4 Nature was ______ them.
자연이 그들에게 불리하게 작용했다.

5 By April 30, rescuers were ______ to give up.
4월 30일경에는 구조원들이 포기할 준비가 되어 있었다.

6 A ______ heard something in a hotel.
한 사람이 호텔에서 무언가를 들었다.

## 03 스토리리딩

이야기를 읽고 각 문장을 우리말로 옮겨 보세요. 22-02

People started looking for survivors, but only found a few.

Heavy rain made searching even more difficult.

People thought nature was against them.

By April 30, most rescuers were ready to give up.

Then, a person heard something in a hotel.

## 04 확인하기

Ⓐ 이야기를 읽고 맞으면 T, 틀리면 F에 동그라미 하세요.

1 사람들은 생존자를 수색했지만 한 명도 찾지 못했다. True False

2 폭우로 수색이 더 어려웠다. True False

3 자연도 실종자 수색에 도움이 되지 못했다. True False

4 4월 30일에 수색이 종료되었다. True False

Ⓑ 밑줄 친 a few는 무엇을 가리키나요?

1 생존자

2 구조원

3 호텔

# The Will to Live

## 01 핵심단어 이야기의 핵심 단어와 표현을 읽어 보세요.

1 dig ☐ (땅을) 파다
*동명사 digging

2 pull ~ out ☐ ~을 꺼내다
*과거형 pulled

3 survive ☐ 살아남다, 생존하다

4 luckily ☐ 다행히

5 butter ☐ 버터

6 by ~ing ☐ ~함으로써

7 suck ☐ 빨아 먹다[마시다]
*과거형 sucked

8 wet ☐ 젖은

9 mostly ☐ 대체로, 주로

10 never ☐ 결코 ~않다

11 lose ☐ 잃다
*과거형 lost

12 will ☐ 의지

## 02 핵심문장 우리말 뜻을 읽고 빈칸에 알맞은 영어 표현을 쓰세요.

1 The rescuers started ______.
구조원들은 땅을 파기 시작했다.

2 After a while, they pulled a boy ______.
잠시 후 그들은 소년 한 명을 꺼냈다.

3 He had ______ for five days.
그는 5일 동안 살아남았다.

4 He found ______ near him and ate it.
그는 가까이에서 버터를 발견했고 그것을 먹었다.

5 He drank water by sucking on ______ clothes.
그는 젖은 옷에서 물을 빨아 마셨다.

6 He never lost his ______ to live.
그는 결코 살려는 의지를 잃지 않았다.

## 03 스토리리딩

이야기를 읽고 각 문장을 우리말로 옮겨 보세요. 22-03

The rescuers started digging. After a while, they pulled a boy out.

Pema Lama had survived for five days. How?

Luckily, he found butter near him and ate <u>it</u>.

He drank water by sucking on wet clothes.

But mostly, he never lost his will to live.

## 04 확인하기

Ⓐ 이야기를 읽고 맞으면 T, 틀리면 F에 동그라미 하세요.

1 구조원들이 한 소년을 발견했다. True False

2 소년은 15일을 버텼다. True False

3 소년은 버터와 빵을 먹으며 견딜 수 있었다. True False

4 소년은 살려는 의지를 잃지 않았다. True False

Ⓑ 밑줄 친 it은 무엇을 가리키나요?

1 butter

2 water

3 cloth

# A Special Party in San Francisco

DAY **01** 02 03

## 01 핵심단어 이야기의 핵심 단어와 표현을 읽어 보세요.

| | | | | | |
|---|---|---|---|---|---|
| 1 | May | ☐ 5월 | 8 | special | ☐ 특별한 |
| 2 | thousands of ~ | ☐ 수천의 ~ | 9 | more | ☐ 더 많이 |
| 3 | San Francisco | ☐ 샌프란시스코 | 10 | finally | ☐ 마침내 |
| 4 | wake up *과거형 woke | ☐ 깨다, 일어나다 | | | |
| 5 | attend *과거형 attended | ☐ 참석하다 | | | |
| 6 | by | ☐ (시간) ~쯤에는 | | | |
| 7 | AM | ☐ 오전(am/A.M.) | | | |

## 02 핵심문장 우리말 뜻을 읽고 빈칸에 알맞은 영어 표현을 쓰세요.

1 It was ________ 27, 1937.
그날은 1937년 5월 27일이었다.

2 People ________ up early.
사람들이 일찍 일어났다.

3 They wanted to ________ a special party.
그들은 특별한 파티에 참석하고 싶었다.

4 ________ 6 AM, many people were waiting.
오전 6시경에는 많은 사람이 기다리고 있었다.

5 Thousands ________ arrived.
수천 명이 더 도착했다.

6 The party ________ started.
파티가 마침내 시작되었다.

## 03 스토리읽기

이야기를 읽고 각 문장을 우리말로 옮겨 보세요. 23-01

On May 27, 1937, thousands of people in San Francisco woke up early.

They wanted to attend a special party.

By 6:00 AM, 18,000 people were waiting.

By 9:30 AM, thousands more arrived.

Then, the party finally started.

## 04 확인하기

Ⓐ 이야기를 읽고 맞으면 T, 틀리면 F에 동그라미 하세요.

1 1937년 5월 27일에 있었던 일이다. True False

2 특별한 수업이 예정돼 있었다. True False

3 1만 8천 명의 사람이 이 파티에 참석했다. True False

4 오전 9시 30분에 파티가 끝났다. True False

Ⓑ 이 특별한 파티는 몇 시에 시작했나요?

1 오전 6시

2 오전 9시

3 오전 9시 반

# A Special Party in San Francisco

DAY 01 02 03

## 01 핵심단어

이야기의 핵심 단어와 표현을 읽어 보세요.

| | | | | | |
|---|---|---|---|---|---|
| 1 | gather<br>*과거형 gathered | □ 모이다 | 8 | PM | □ 오후(pm/P.M.) |
| 2 | celebrate<br>*과거형 celebrated | □ 축하하다 | 9 | U.S. | □ 미국(United States) |
| 3 | on | □ ~을 타고 | 10 | navy | □ 해군 |
| 4 | roller skate | □ 롤러스케이트 | 11 | by | □ ~ 옆에 |
| 5 | stilt | □ 긴 막대 | | | |
| 6 | fighter plane | □ 전투기 | | | |
| 7 | fly over<br>*과거형 flew | □ ~의 위를 날다 | | | |

## 02 핵심문장

우리말 뜻을 읽고 빈칸에 알맞은 영어 표현을 쓰세요.

1 200,000 people ______.
20만 명 이상의 사람이 모였다.

2 Most walked to ______.
대부분은 축하하려고 걸었다.

3 Others were ______ roller skates.
또 다른 사람들은 롤러스케이트를 타고 있었다.

4 A few walked ______ stilts.
몇몇은 긴 막대에 올라 걸었다.

5 Fighter planes ______ over the party.
전투기가 파티 위를 날았다.

6 U.S. Navy ships sailed ______ it.
미 해군함이 그 옆에서 항해했다.

## 03 스토리읽기 이야기를 읽고 각 문장을 우리말로 옮겨 보세요. 23-02

More than 200,000 people gathered.

Most walked to celebrate.

Others were on roller skates. A few walked on stilts.

At 11:00 AM, 500 fighter planes flew over the party.

At 3:00 PM, 42 U.S. Navy ships sailed by it.

## 04 확인하기

Ⓐ 이야기를 읽고 맞으면 T, 틀리면 F에 동그라미 하세요.

1 모인 사람은 20만 명 미만이었다. **True** **False**

2 대부분은 롤러스케이트를 타고 있었다. **True** **False**

3 오전 11시에 전투기가 상공을 날았다. **True** **False**

4 오전에 미 해군함이 지나갔다. **True** **False**

Ⓑ 밑줄 친 it은 무엇을 가리키나요?

1 a Navy ship

2 the party

3 3 PM

Week 23

# A Special Party in San Francisco

DAY 01 02 03

## 01 핵심단어 이야기의 핵심 단어와 표현을 읽어 보세요.

1 grand opening ☐ 개장, 개점

2 for years ☐ 수년간

3 across ☐ 건너서

4 get closer to ☐ ~와 더 가까워지다
*과거형 got

5 each other ☐ 서로

6 world's ☐ 세계의

7 longest ☐ 가장 긴

8 suspension bridge ☐ 현수교

9 length ☐ 길이

10 That is why ~ ☐ ~한 이유이다

11 last ☐ 계속하다
*과거형 lasted

## 02 핵심문장 우리말 뜻을 읽고 빈칸에 알맞은 영어 표현을 쓰세요.

1 It was the ______ opening of the bridge.
그날은 다리의 개통일이었다.

2 For ______, people wanted a bridge across the river.
수년간 사람들은 강을 건너는 다리를 원했다.

3 San Francisco and Marin County got ______ to each other.
샌프란시스코와 마린 카운티는 서로 더 가까워졌다.

4 It was the world's ______ suspension bridge.
그것은 세계에서 가장 긴 현수교였다.

5 Its ______ is 27 meters.
그것의 폭은 27미터이다.

6 That is ______ this party lasted one week.
그것이 이 파티가 일주일간 계속된 이유였다.

## 03 스토리읽기 이야기를 읽고 각 문장을 우리말로 옮겨 보세요. 23-03

It was the grand opening of the Golden Gate Bridge.

* Golden Gate Bridge 금문교

For years, people wanted a bridge across the Golden Gate Strait.

* Golden Gate Strait 골든 게이트 해협

Finally, San Francisco and Marin County got closer to each other.

* Marin County 마린 카운티; 미국 캘리포니아주 해안에 있는 카운티

It was the world's longest suspension bridge, and its length is 2,737 meters.

That is why this special party lasted one week.

## 04 확인하기

Ⓐ 이야기를 읽고 맞으면 T, 틀리면 F에 동그라미 하세요..

1 금문교 착공을 기념하는 파티가 열렸다. True False

2 금문교는 마린 카운티 해협을 지난다. True False

3 사람들은 이 다리를 오랫동안 기다려왔다. True False

4 금문교가 생겨 샌프란시스코와 마린 카운티 사람들은 더 가까워졌다. True False

Ⓑ 파티는 얼마 동안이나 계속되었나요?

1 하루

2 한 주

3 한 달

# Moby-Dick

## 01 핵심단어 이야기의 핵심 단어와 표현을 읽어 보세요.

1 story ☐ 이야기, 소설

2 great ☐ 거대한, 큰

3 whale ☐ 고래

4 captain ☐ 선장

5 crew ☐ 선원(들)

6 hunt ☐ 사냥하다
*과거형 hunted

7 fail ☐ 실패하다
*과거형 failed

8 at the end ☐ 결국에는

9 sink ☐ 침몰시키다
*과거형 sank

## 02 핵심문장 우리말 뜻을 읽고 빈칸에 알맞은 영어 표현을 쓰세요.

1 He wrote a ______ about Moby-Dick.
그는 모비 딕에 관한 이야기를 썼다.

2 Moby-Dick is a great white ______.
모비 딕은 거대한 흰 고래이다.

3 Captain Ahab and his ______ hunt Moby-Dick.
에이허브 선장과 그의 선원들은 모비 딕을 사냥한다.

4 They try to ______ it.
그들은 그것을 죽이려고 한다.

5 They ______ to do it.
그들은 그것을 죽이는 데 실패한다.

6 Moby-Dick ______s his ship.
모비 딕이 그의 배를 침몰시킨다.

## 03 스토리리딩 이야기를 읽고 각 문장을 우리말로 옮겨 보세요. 24-01

In 1851, Herman Melville wrote *Moby-Dick*.

* Herman Melville 허먼 멜빌; 미국 소설가 / *Moby-Dick* 허먼 멜빌의 소설 <백경>

It's a story about Moby-Dick, a great white whale.

In the book, Captain Ahab and his crew hunt Moby-Dick.

They try to kill the whale but fail.

At the end of the story, Moby-Dick sinks Ahab's ship.

## 04 확인하기

**A** 이야기를 읽고 맞으면 T, 틀리면 F에 동그라미 하세요.

1 소설 〈백경〉은 1851년에 쓰였다. True False

2 〈백경〉은 흰 상어를 사냥하는 이야기이다. True False

3 한 남자가 홀로 거대한 흰 고래를 사냥하려 한다. True False

4 결말에서 남자는 사냥에 성공한다. True False

**B** 선장의 이름은 무엇인가요?

1 Melville

2 Ahab

3 Moby-Dick

Week 24

# Moby-Dick

## 01 핵심단어 이야기의 핵심 단어와 표현을 읽어 보세요.

1 make up ☐ 지어내다
*과거형 made

2 wrong ☐ 틀린, 잘못된

3 early ☐ 초기의

4 whaling ship ☐ 포경선

5 huge ☐ 거대한

6 attack ☐ 공격하다
*과거형 attacked

7 none ☐ 아무[하나]도~않다

8 destroy ☐ 파괴하다
*과거형 destroyed

## 02 핵심문장 우리말 뜻을 읽고 빈칸에 알맞은 영어 표현을 쓰세요.

1 People believe he made ______ the story.
사람들은 그가 그 이야기를 지어냈다고 믿는다.

2 They're ______.
그들은 틀렸다.

3 Whaling ships saw a ______ white whale.
포경선들은 거대한 흰 고래를 보았다.

4 Many ships ______ it.
많은 포경선이 그것을 공격했다.

5 ______ of them killed it.
그중 무엇도 그것을 죽이지 못했다.

6 The whale ______ the ships.
고래가 선박들을 파괴했다.

## 03 스토리리딩 이야기를 읽고 각 문장을 우리말로 옮겨 보세요. 24-02

Many people believe Melville made up the story.

They're wrong.

In the early 1800s, whaling ships often saw a huge white whale.

More than 100 ships attacked the whale. But none of them killed it.

Many times, the whale destroyed the ships.

## 04 확인하기

**Ⓐ 이야기를 읽고 맞으면 T, 틀리면 F에 동그라미 하세요.**

1 많은 사람이 〈백경〉은 지어낸 이야기라고 생각했다. True False

2 1800년대 후반에는 거대한 흰 고래가 자주 목격되었다. True False

3 100척 이상의 배가 고래를 공격했다. True False

4 고래를 잡는 데 성공했다. True False

**Ⓑ 밑줄 친 it은 무엇을 가리키나요?**

1 a story

2 a white whale

3 a whaling ship

# Moby-Dick

## 01 핵심단어 이야기의 핵심 단어와 표현을 읽어 보세요.

1 no ☐ 어떤 ~도 아닌

2 damage ☐ 손상시키다
*과거형 damaged

3 succeed ☐ 성공하다
*과거형 succeeded

4 just ☐ 단순히, 단지

5 true ☐ 사실인

6 even ☐ 심지어

7 creature ☐ 생물, 동물

## 02 핵심문장 우리말 뜻을 읽고 빈칸에 알맞은 영어 표현을 쓰세요.

1 ______ whaling ships killed the whale.
그 어떤 포경선도 그 고래를 죽이지 못했다.

2 It ______ around 20 ships.
그것은 약 스무 척의 배를 침몰시켰다.

3 One ship ______.
한 척의 배가 성공했다.

4 The ______ killed Mocha Dick.
선원들은 모카 딕을 죽였다.

5 He didn't just write about a ______ story.
그는 단순히 실제 이야기에 대해 쓴 것이 아니었다.

6 He made the ______'s name similar.
그는 그 동물의 이름도 비슷하게 만들어냈다.

## 03 스토리리딩 이야기를 읽고 각 문장을 우리말로 옮겨 보세요. 24-03

For 28 years, no whaling ships killed the whale.

But it damaged about 20 ships and sank them.

Finally, one ship succeeded. The crew killed Mocha Dick, the white whale.

Melville didn't just write about a true story.

He even made the creature's name similar.

## 04 확인하기

**A** 이야기를 읽고 맞으면 T, 틀리면 F에 동그라미 하세요.

1 28년 동안 그 어떤 포경선도 흰 고래를 죽일 수 없었다. True False

2 흰 고래가 스무 명을 죽였다. True False

3 마침내 한 배가 흰 고래를 죽였다. True False

4 허먼 멜빌이 이 실화를 바탕으로 〈백경〉을 썼다. True False

**B** 밑줄 친 Mocha Dick은 무엇인가요?

1 포경선의 이름

2 실제 흰 고래의 이름

3 〈백경〉의 원제

# I've Got a Bridge to Sell You

## 01 핵심단어 이야기의 핵심 단어와 표현을 읽어 보세요.

1 ask ☐ ~해 달라고 청하다
*과거형 asked

2 tourist ☐ 관광객

3 own ☐ 소유하다
*과거형 owned

4 collect ☐ 모으다, 걷다
*동명사 collecting

5 toll ☐ 통행료

6 sell ☐ 팔다
*과거형 sold/진행형 be+selling

7 pay ☐ 지불하다
*과거형 paid

## 02 핵심문장 우리말 뜻을 읽고 빈칸에 알맞은 영어 표현을 쓰세요.

1 A man ______ him to buy a bridge.
한 남자가 그에게 다리를 사달라고 청했다.

2 He ______ the bridge.
그는 그 다리를 소유하고 있었다.

3 He couldn't ______ tolls.
그는 통행료를 걷을 수가 없었다.

4 So he was ______ it.
그래서 그것을 팔고 있었다.

5 The ______ paid the man.
관광객이 남자에게 돈을 냈다.

6 He started collecting ______s from people.
그는 사람들한테서 통행료를 걷기 시작했다.

## 03 스토리리딩

이야기를 읽고 각 문장을 우리말로 옮겨 보세요. 25-01

A man asked a tourist to buy a bridge.

He said he owned the Brooklyn Bridge.

* Brooklyn Bridge 미국 뉴욕의 브루클린 대교

But he couldn't collect tolls. So he was selling it.

The tourist paid the man.

Then, he started collecting tolls from people for using the bridge.

## 04 확인하기

Ⓐ 이야기를 읽고 맞으면 T, 틀리면 F에 동그라미 하세요.

1 한 남자가 관광객에게 기념품을 팔고 있었다. **True** **False**

2 남자는 브루클린 대교가 자신의 것이라고 했다. **True** **False**

3 남자는 통행료로 돈을 많이 벌었다. **True** **False**

4 관광객은 남자에게 돈을 지불했다. **True** **False**

Ⓑ 관광객은 남자에게 왜 돈을 지불했나요?

1 다리를 건너기 위해

2 관광 안내를 받기 위해

3 다리를 사기 위해

Week 25

# I've Got a Bridge to Sell You

## 01 핵심단어 　이야기의 핵심 단어와 표현을 읽어 보세요.

1 hour ☐ 시간

2 police(man) ☐ 경찰관

3 appear ☐ 나타나다
*과거형 appeared

4 take ☐ 빼앗다
*과거형 took

5 sir ☐ 님, 귀하, 선생

6 right ☐ 맞는, 옳은

7 owner ☐ 주인, 소유주

8 scam ☐ 속이다
*과거형 scammed

## 02 핵심문장 　우리말 뜻을 읽고 빈칸에 알맞은 영어 표현을 쓰세요.

1 The police ______.
경찰이 나타났다.

2 You can't ______ money from people on the bridge.
당신은 다리에 있는 사람들한테서 돈을 뺏으면 안 됩니다.

3 I ______ the bridge.
제가 다리를 샀습니다.

4 It was George Parker, ______?
조지 파커라는 사람이었죠, 맞죠?

5 They said he wasn't the ______.
그들은 그가 주인이 아니라고 말했다.

6 He ______ the tourist.
그는 관광객을 속인 것이었다.

## 03 스토리리딩 이야기를 읽고 각 문장을 우리말로 옮겨 보세요. 25-02

An hour later, the police appeared.

"You can't take money from people on the bridge, sir," said the policeman.

"Yes, I can. I bought the bridge," said the tourist.

"It was George Parker, right?" asks the policeman.

They said George Parker wasn't the owner. He scammed the tourist.

## 04 확인하기

**A** 이야기를 읽고 맞으면 T, 틀리면 F에 동그라미 하세요.

1 한 시간 후 경찰이 나타났다. True False

2 경찰은 관광객에게 통행료를 내라고 했다. True False

3 관광객은 자신이 다리의 주인이라고 했다. True False

4 경찰은 조지 파커가 원래 다리 주인이 아니라고 했다. True False

**B** 조지 파커는 어떻게 돈을 벌었나요?

1 통행료를 걷어서

2 다리에서 기념품을 팔아서

3 다른 사람을 속여서

Week 25

# I've Got a Bridge to Sell You

DAY 01 02 03

## 01 핵심단어 이야기의 핵심 단어와 표현을 읽어 보세요.

| | | |
|---|---|---|
| 1 | conman | □ 사기꾼 |
| 2 | sometimes | □ 때때로 |
| 3 | well-known | □ 유명한, 잘 알려진 |
| 4 | statue | □ 조각상 |
| 5 | of course | □ 물론 |
| 6 | liberty | □ 자유 |
| 7 | anyway | □ 어쨌든, 뭐라 해도 |
| 8 | steal<br>*과거형 stole | □ 훔치다 |

## 02 핵심문장 우리말 뜻을 읽고 빈칸에 알맞은 영어 표현을 쓰세요.

1 He was a famous ______.
그는 유명한 사기꾼이었다.

2 He didn't just sell the ______.
그는 단순히 그 다리만 판 게 아니었다.

3 He sold other ______ places.
그는 다른 유명한 곳도 팔았다.

4 He even ______ the Statue of Liberty.
그는 심지어 자유의 여신상도 팔았다.

5 He didn't ______ them.
그는 그것들을 소유하고 있지 않았다.

6 He ______ money from people.
그는 사람들로부터 돈을 훔쳤다.

## 03 스토리리딩 이야기를 읽고 각 문장을 우리말로 옮겨 보세요. 25-03

George Parker was a famous American conman.

He didn't just sell the Brooklyn Bridge.

Sometimes he sold other well-known places.

He even sold the Statue of Liberty. Of course, he didn't own them.

But he sold them anyway and stole money from many people.

## 04 확인하기

Ⓐ 이야기를 읽고 맞으면 T, 틀리면 F에 동그라미 하세요.

1 조지 파커는 사기꾼이었다. True False

2 그는 여러 명소를 팔았다. True False

3 그는 '자유의 다리'도 팔았다. True False

4 많은 사람이 그에게 속아 돈을 지급했다. True False

Ⓑ 밑줄 친 them에 해당하지 않는 것은 무엇인가요?

1 브루클린 대교

2 자유의 여신상

3 센트럴 파크

Week 26

# Mike the Incredible Bird

DAY

## 01 핵심단어 이야기의 핵심 단어와 표현을 읽어 보세요.

1 take a break ☐ 일을 쉬다
*과거형 took
2 farming ☐ 농사, 농업
3 travel around ☐ 여기저기 여행하다
*과거형 traveled
4 United States ☐ 미국
5 everywhere ☐ 어디서에나
6 special about ☐ ~에게 특별한
7 live ☐ 살아 있는
8 without ☐ ~없이

## 02 핵심문장 우리말 뜻을 읽고 빈칸에 알맞은 영어 표현을 쓰세요.

1 He took a ______ from farming.
그는 농사를 쉬었다.

2 He traveled ______ the United States.
그는 미국 여기저기를 여행했다.

3 ______ he went, people paid him money.
그가 어디를 가든 사람들이 그에게 돈을 냈다.

4 They wanted to ______ Mike.
그들은 마이크를 보고 싶어 했다.

5 What was ______ about Mike?
마이크의 어떤 점이 특별했던 걸까?

6 He was a ______ bird without a head.
그는 머리 없이 살아 있는 새였다.

## 03 스토리리딩

이야기를 읽고 각 문장을 우리말로 옮겨 보세요. 26-01

In 1945, Lloyd Olsen took a break from farming.

He traveled around the United States.

Everywhere he went, people paid him money.

They wanted to see Mike, his chicken. What was special about Mike?

He was a live bird without a head.

## 04 확인하기

Ⓐ 이야기를 읽고 맞으면 T, 틀리면 F에 동그라미 하세요.

1 올슨은 원래 농부였다. **True** **False**

2 올슨은 1945년에 미국 전역을 돌아다니며 농사를 지었다. **True** **False**

3 어디에서든 사람들이 마이크를 보려고 돈을 냈다. **True** **False**

4 마이크는 목이 없었다. **True** **False**

Ⓑ 밑줄 친 he는 무엇을 가리키나요?

1 Olsen

2 Mike

3 the chicken

Week 26

# Mike the Incredible Bird

DAY 01 02 03

## 01 핵심단어 이야기의 핵심 단어와 표현을 읽어 보세요.

1 meat ☐ 고기

2 market ☐ 시장

3 cut off ☐ 자르다
*과거형 cut

4 rooster ☐ 수탉

5 following ☐ 그 다음의

6 amazed ☐ 놀란

7 headless ☐ 머리가 없는

8 nobody ☐ 아무도 ~ 않다

## 02 핵심문장 우리말 뜻을 읽고 빈칸에 알맞은 영어 표현을 쓰세요.

1 He was killing chickens to sell at the meat ______.
그는 정육점에 팔기 위해 닭을 잡고 있었다.

2 He cut ______ Mike's head.
그는 마이크의 머리를 잘랐다.

3 The ______ didn't die.
그 수탉은 죽지 않았다.

4 The chicken was still alive the ______ day.
그 닭은 다음날에도 여전히 살아 있었다.

5 He was ______.
그는 놀랐다.

6 ______ could believe it.
아무도 그것을 믿지 못했다.

## 03 스토리리딩

이야기를 읽고 각 문장을 우리말로 옮겨 보세요. 26-02

One day, Olsen was killing chickens to sell at the meat market.

He cut off Mike's head. But the rooster didn't die.

Mike was still alive the following day. Olsen was amazed.

So he showed the headless bird to the people at the market.

Nobody could believe <u>it</u> either.

## 04 확인하기

Ⓐ 이야기를 읽고 맞으면 T, 틀리면 F에 동그라미 하세요.

1 어느 날 올슨은 시장에서 닭을 사왔다. True False

2 마이크는 태어날 때부터 머리가 없었다. True False

3 마이크가 죽지 않아서 올슨은 매우 놀랐다. True False

4 올슨은 마이크를 시장에 데려가 사람들에게 보여주었다. True False

Ⓑ 밑줄 친 it은 무엇을 가리키나요?

1 올슨이 닭을 잡지 못했다는 것

2 마이크가 머리 없이 살아 있다는 것

3 올슨이 마이크를 이용해 돈을 버는 것

Week 26

# Mike the Incredible Bird

## 01 핵심단어 이야기의 핵심 단어와 표현을 읽어 보세요.

1 newspaper □ 신문

2 story □ 기사, 이야기

3 fame □ 명성

4 travel to □ ~로 여행[이동]하다
*과거형 traveled

5 state □ 주(州)

6 choke □ 숨이 막히다
*과거형 choked

7 incredible □ 믿기 힘든, 놀라운

## 02 핵심문장 우리말 뜻을 읽고 빈칸에 알맞은 영어 표현을 쓰세요.

1 A ________ wrote a story.
한 신문사에서 기사를 썼다.

2 Mike got ________.
마이크는 명성을 얻었다.

3 He traveled to several ________s with Mike.
그는 마이크와 함께 여러 주를 여행했다.

4 Mike ________ and died one night.
어느 날 밤 마이크가 질식해 죽었다.

5 He was an ________ bird.
그는 놀라운 새였다.

6 He lived without a ________ for 18 months.
그는 머리 없이 18개월을 살아 있었던 것이다.

## 03 스토리리딩 이야기를 읽고 각 문장을 우리말로 옮겨 보세요. 26-03

A newspaper heard about Mike and wrote a story.

Mike got fame. So Olsen traveled to several states with him.

Then, in 1947, Mike choked and died one night.

He was an incredible bird.

He lived without a head for 18 months.

## 04 확인하기

Ⓐ 이야기를 읽고 맞으면 T, 틀리면 F에 동그라미 하세요.

1 한 신문에서 마이크에 관해 기사를 썼다. True False

2 올슨은 마이크와 여러 곳을 여행했다. True False

3 마이크는 교통사고로 죽었다. True False

4 마이크는 머리 없이 1년 반을 살았다. True False

Ⓑ 마이크는 어떻게 유명해졌나요?

1 신문을 통해

2 TV를 통해

3 인터넷을 통해

Week 27

# A Really Big Appetite

## 01 핵심단어 이야기의 핵심 단어와 표현을 읽어 보세요.

1 prison ☐ 감옥

2 amount ☐ 양, 분량

3 enough for ☐ ~에 충분한

4 prisoner ☐ 수감자, 포로

5 hungry ☐ 배고픈

6 Poland ☐ 폴란드

7 join ☐ 입대하다
*과거형 joined

8 French ☐ 프랑스의

9 army ☐ 군대

10 English ☐ 영국인(의)

11 capture ☐ 포로로 잡다
*과거형 captured

## 02 핵심문장 우리말 뜻을 읽고 빈칸에 알맞은 영어 표현을 쓰세요.

1 Everyone gets the same ______ of food.
모두가 같은 양의 음식을 받는다.

2 One man ate ______ food for 10 prisoners.
한 남자가 열 명의 수감자에게 충분한 음식을 먹었다.

3 The ______ man was Charles Domery.
이 배고픈 남자는 찰스 도머리였다.

4 He was from ______.
그는 폴란드 출신이었다.

5 He joined the French ______.
그는 프랑스군에 입대했다.

6 The English ______ him.
영국인들이 그를 포로로 잡았다.

## 03 스토리리딩 이야기를 읽고 각 문장을 우리말로 옮겨 보세요. 27-01

In prison, everyone gets the same amount of food.

But one man ate enough food for 10 prisoners. And he was still hungry.

The hungry man was Charles Domery.

He was from Poland but joined the French army.

Later, the English captured him.

## 04 확인하기

Ⓐ 이야기를 읽고 맞으면 T, 틀리면 F에 동그라미 하세요.

1 한 수감자가 엄청난 양의 음식을 먹었다. True False

2 수감자는 스무 명이 먹을 만한 양의 음식을 먹었다. True False

3 프랑스 출신인 그는 프랑스 군대에 입대했다. True False

4 도머리는 프랑스 군대의 포로로 잡혔다. True False

Ⓑ 도머리는 어느 나라 감옥에 있었나요?

1 폴란드

2 프랑스

3 영국

Week 27

# A Really Big Appetite

## 01 핵심단어 이야기의 핵심 단어와 표현을 읽어 보세요.

1 learn ☐ 알게 되다
*과거형 learned

2 eating habit ☐ 식습관

3 all the time ☐ 항상

4 catch ☐ 잡다
*과거형 caught

5 rat ☐ 쥐

6 kilogram ☐ 킬로그램(kg)

7 grass ☐ 풀, 잔디

8 a day ☐ 하루에

9 feel bad for ~ ☐ ~를 불쌍히 여기다
*과거형 felt

## 02 핵심문장 우리말 뜻을 읽고 빈칸에 알맞은 영어 표현을 쓰세요.

1 The English learned about his ______ habits.
영국인들은 그의 식습관에 대해 알게 되었다.

2 He was hungry all the ______.
그는 늘 배고팠다.

3 He ______ and ate rats.
그는 쥐를 잡아서 먹었다.

4 He ate 2 kilograms of ______ a day.
그는 하루 2킬로그램의 풀을 먹었다.

5 The other prisoners felt ______ for him.
다른 수감자들이 그를 불쌍히 여겼다.

6 They ______ him their food to eat.
그들은 그가 먹을 수 있게 자신들의 음식을 주었다.

## 03 스토리리딩 이야기를 읽고 각 문장을 우리말로 옮겨 보세요. 27-02

In prison, the English learned about his eating habits.

Domery was hungry all the time.

He caught and ate rats. He ate 2 kilograms of grass a day.

The other prisoners felt bad for Domery.

So they gave him their food to eat.

## 04 확인하기

Ⓐ 이야기를 읽고 맞으면 T, 틀리면 F에 동그라미 하세요.

1 영국인들은 도머리의 식습관을 알게 되었다. **True** **False**

2 그는 음식이 모자라 쥐도 잡아먹었다. **True** **False**

3 그는 다른 수감자의 음식도 훔쳐 먹었다. **True** **False**

4 다른 수감자들은 그의 식습관을 싫어했다. **True** **False**

Ⓑ 밑줄 친 they는 무엇을 가리키나요?

1 English people

2 other prisoners

3 rats

Week 27

# A Really Big Appetite

## 01 핵심단어 이야기의 핵심 단어와 표현을 읽어 보세요.

1 test ☐ 시험하다
*과거형 tested

2 raw ☐ 생, 날것의

3 beef ☐ 소고기

4 candle ☐ 양초

5 bottle ☐ 병

6 wine ☐ 와인

7 ask for ~ ☐ ~을 요청하다
*과거형 asked

8 anything ☐ 무엇인가

9 vegetable ☐ 야채

10 hate ☐ 싫어하다
*과거형 hated

## 02 핵심문장 우리말 뜻을 읽고 빈칸에 알맞은 영어 표현을 쓰세요.

1 The English ______ him one day.
어느 날 영국인들은 그를 시험했다.

2 He ate 7 kilograms of ______ beef.
그는 7킬로그램의 날 쇠고기를 먹었다.

3 He asked ______ more food.
그는 음식을 더 달라고 청했다.

4 He drank 5 ______s of wine.
그는 5병의 와인을 마셨다.

5 Was there ______ Domery didn't eat?
도머리가 먹지 않는 것이 있었을까?

6 He hated ______s.
그는 야채를 싫어했다.

## 03 스토리리딩

이야기를 읽고 각 문장을 우리말로 옮겨 보세요. 27-03

The English tested him one day.

In 12 hours, he ate 7 kilograms of raw beef and 1 kilogram of candles.

He also drank 5 bottles of wine. Then, he asked for more food.

Was there anything Domery didn't eat?

There was one thing: vegetables. He hated them.

## 04 확인하기

**A** 이야기를 읽고 맞으면 T, 틀리면 F에 동그라미 하세요.

1 도머리는 하루에 7킬로그램의 날고기를 먹었다. True False

2 도머리는 양초는 먹지 못했다. True False

3 결국 도머리는 배가 불러 음식을 남겼다. True False

4 도머리가 먹지 않는 유일한 음식은 야채였다. True False

**B** 첫 번째 문장에서 영국인들은 무엇을 시험했나요?

1 도머리가 무엇을 먹는지

2 도머리가 얼마나 먹는지

3 도머리가 얼마나 자주 먹는지

Week 28

# The True Olympic Spirit

## 01 핵심단어 이야기의 핵심 단어와 표현을 읽어 보세요.

1 imagine ☐ 상상하다
*과거형 imagined

2 make ☐ 출전하다
*과거형 made

3 Olympics ☐ 올림픽 대회

4 event ☐ 행사, 경기[종목]

5 in trouble ☐ 곤경에 빠져서

6 chance ☐ 가능성, 기회

7 win ☐ 따다, 이기다
*과거형 won

8 medal ☐ 메달

9 would ☐ (가정)~할 것이다

10 go for ☐ ~을 노리다
*과거형 went

11 gold ☐ 금(메달)

## 02 핵심문장 우리말 뜻을 읽고 빈칸에 알맞은 영어 표현을 쓰세요.

1 ______ this: You train hard for years.
이것을 상상해보라: 당신은 수년간 열심히 훈련한다.

2 You ______ the Olympics.
당신은 올림픽에 출전한다.

3 You see someone in ______.
당신은 위험에 빠진 누군가를 본다.

4 You have a ______ to win a medal.
당신에게는 메달을 딸 기회가 있다.

5 Would you ______ for the gold?
당신은 금메달을 노릴 것인가?

6 Would you ______ the other person?
당신은 다른 사람을 도울 것인가?

## 03 스토리읽기

이야기를 읽고 각 문장을 우리말로 옮겨 보세요. 28-01

Imagine this: You train hard every day for years.

Finally, you make the Olympics.

During your event, you see someone in trouble.

But you have a chance to win a medal.

Would you go for the gold? Or would you help the other person?

## 04 확인하기

Ⓐ 이야기를 읽고 맞으면 T, 틀리면 F에 동그라미 하세요.

1 당신은 수년간 매일 훈련한다. True False

2 그 결과 올림픽에 출전할 수 있게 되었다. True False

3 경기 직전에 당신은 위험에 빠진다. True False

4 당신에게는 메달을 딸 기회는 없다. True False

Ⓑ 밑줄 친 the other person은 누구를 가리키나요?

1 선두 선수

2 위험에 빠진 선수

3 출전한 모든 선수

Week 28

# The True Olympic Spirit

## 01 핵심단어 이야기의 핵심 단어와 표현을 읽어 보세요.

1 choice □ 선택

2 compete □ 경쟁하다, 겨루다
*진행형 be+competing

3 as □ ~로서

4 sailor □ 선원, 뱃사람

5 race □ 경주, 경주하다
*동명사 racing

6 at that time □ 그때에, 당시에

7 in second place □ 2위로

8 stop ~ing □ ~을 중단하다
*과거형 stopped

9 rescue □ 구조하다
*과거형 rescued

## 02 핵심문장 우리말 뜻을 읽고 빈칸에 알맞은 영어 표현을 쓰세요.

1 For Lawrence Lemieux, the ______ was easy.
로렌스 르뮤에게 그 선택은 쉬웠다.

2 He was competing ______ a sailor.
그는 요트 선수로 시합 중이었다.

3 During his ______, he saw two sailors in trouble.
경기 도중, 그는 위험에 빠진 두 요트 선수를 보았다.

4 He was in second ______.
그는 2등이었다.

5 He ______ racing.
그는 경주를 중단했다.

6 He ______ them.
그는 그들을 구했다.

## 03 스토리읽기 이야기를 읽고 각 문장을 우리말로 옮겨 보세요. 28-02

For Lawrence Lemieux, the choice was easy.

Lemieux was competing as a sailor in the 1988 Summer Olympics.

During his race, he saw two sailors in trouble.

At that time, Lemieux was in second place.

But he stopped racing and rescued them.

## 04 확인하기

**A** 이야기를 읽고 맞으면 T, 틀리면 F에 동그라미 하세요.

1 르뮤는 1988년 동계 올림픽에 출전했다. **True** **False**

2 경기 도중 그는 위험에 빠진 다른 선수를 보았다. **True** **False**

3 때마침 그는 선두에 있었다. **True** **False**

4 그는 경기를 중단하고 동료 선수를 구했다. **True** **False**

**B** 밑줄 친 them은 무엇을 가리키나요?

1 choices

2 two sailors

3 races

Week 28

# The True Olympic Spirit

## 01 핵심단어 이야기의 핵심 단어와 표현을 읽어 보세요.

1 in fact ☐ 사실은, 실제로는
2 finish ☐ 마치다
*과거형 finished
3 eleventh ☐ 11번째(의)
4 overall ☐ 전체적으로
5 regret ☐ 후회하다
*과거형 regretted
6 action ☐ 행동
7 receive ☐ 받다
*과거형 received
8 sportsmanship ☐ 스포츠맨 정신
9 save ☐ 구하다
*과거형 saved
10 meaning ☐ 뜻, 의미
11 spirit ☐ 정신

## 02 핵심문장 우리말 뜻을 읽고 빈칸에 알맞은 영어 표현을 쓰세요.

1 He didn't win a ______ medal.
그는 금메달을 따지 못했다.

2 He finished eleventh ______.
그는 전체 11등으로 (경기를) 마쳤다.

3 He didn't ______ his actions.
그는 자신의 행동을 후회하지 않았다.

4 He ______ a medal for sportsmanship.
그는 스포츠맨 정신으로 메달을 받았다.

5 He didn't just ______ two people.
그는 단순히 두 사람만 구한 것이 아니었다.

6 He showed the world the true meaning of the Olympic ______.
그는 전 세계에 올림픽 정신의 진정한 의미를 보여주었다.

## 03 스토리읽기

이야기를 읽고 각 문장을 우리말로 옮겨 보세요. 28-03

He didn't win a gold medal. In fact, he finished eleventh overall.

Lemieux didn't regret his actions.

He received a medal for sportsmanship.

He didn't just save two people.

He showed the world the true meaning of the Olympic spirit.

## 04 확인하기

Ⓐ 이야기를 읽고 맞으면 T, 틀리면 F에 동그라미 하세요.

1 르뮤는 21등으로 경기를 마쳤다. True False

2 르뮤는 자신의 행동을 후회하지 않았다. True False

3 르뮤는 두 사람을 구해 상금을 받았다. True False

4 르뮤의 행동은 진정한 올림픽 정신을 전 세계에 보여주었다. True False

Ⓑ 밑줄 친 his actions은 무엇을 의미하나요?

1 올림픽에 출전한 것

2 사람을 구하려고 경기를 중단한 것

3 금메달을 받은 것

Week 29

# What's Tougher Than a Shark?

## 01 핵심단어

이야기의 핵심 단어와 표현을 읽어 보세요.

1 shark ☐ 상어

2 toward ☐ ~을 향해

3 turn ☐ 돌다
*과거형 turned

4 both ☐ 둘 다

5 dive ☐ 잠수하다
*과거형 dove/dived

6 under ☐ 아래로

7 come to ☐ ~로 오다
*과거형 came

8 surface ☐ 수면, 표면

9 kind ☐ 종류

## 02 핵심문장

우리말 뜻을 읽고 빈칸에 알맞은 영어 표현을 쓰세요.

1 A shark swam ________ some whales.
상어 한 마리가 몇 마리의 고래를 향해 헤엄을 쳤다.

2 One whale ________.
한 마리의 고래가 뒤로 돌았다.

3 ________ dived under the water.
둘 다 물 아래로 잠수했다.

4 The whale came to the ________.
고래가 수면으로 올라왔다.

5 The great white shark was in its ________.
백상아리가 그것의 입속에 있었다.

6 What ________ of whale was it?
그것은 어떤 종류의 고래였을까?

## 03 스토리리딩

이야기를 읽고 각 문장을 우리말로 옮겨 보세요. 29-01

A shark swam toward some whales.

One whale turned, and both dived under the water.

Minutes later, the whale came to the surface.

The great white shark was in its mouth.

What kind of whale was it? It was a killer whale.

* great white shark 백상아리

* killer whale 범고래

## 04 확인하기

**A** 이야기를 읽고 맞으면 T, 틀리면 F에 동그라미 하세요.

1 상어 한 마리가 고래 쪽으로 다가갔다. **True** **False**

2 고래 한 마리가 돌아서 상어에게 다가갔다. **True** **False**

3 상어가 수면으로 먼저 올라왔다. **True** **False**

4 상어가 범고래를 사냥했다. **True** **False**

**B** 밑줄 친 both는 무엇을 가리키나요?

1 a shark and a whale

2 two whales

3 two sharks

# What's Tougher Than a Shark?

## 01 핵심단어 이야기의 핵심 단어와 표현을 읽어 보세요.

1 can ☐ ~일 가능성이 있다
2 meter ☐ 미터(m)
3 long ☐ 길이가 ~인
4 weigh *과거형 weighed ☐ 무게가 나가다
5 more than ☐ ~보다 더
6 ton ☐ 톤(t)
7 male ☐ 남성, 수컷
8 hunt *과거형 hunted ☐ 사냥하다
9 together ☐ 함께
10 pod ☐ 작은 떼

## 02 핵심문장 우리말 뜻을 읽고 빈칸에 알맞은 영어 표현을 쓰세요.

1 Sharks ______ be 6 meters long.
상어는 크기가 6미터가 될 수 있다.

2 They can ______ more than 2.5 tons.
그들은 몸무게가 2.5톤 이상 나갈 수 있다.

3 ______ killer whales can be 9 meters long.
수컷 범고래는 크기가 9미터가 될 수 있다.

4 They can weigh more than 4 ______s.
그들은 몸무게가 4톤 이상 나갈 수 있다.

5 They ______ together.
그들은 함께 사냥한다.

6 They live in ______s of 2 to 15 whales.
그들은 2마리에서 15마리의 작은 떼를 이루어 산다.

## 03 스토리리딩 이야기를 읽고 각 문장을 우리말로 옮겨 보세요. 29-02

Great white sharks can be 6 meters long.

They can weigh more than 2.5 tons.

Male killer whales can be 9 meters long.

They can weigh more than 4 tons.

They also hunt together. They live in pods of 2 to 15 whales.

## 04 확인하기

**A** 이야기를 읽고 맞으면 T, 틀리면 F에 동그라미 하세요.

1 백상아리의 크기는 6미터에 이른다. **True** **False**

2 백상아리는 수컷 범고래보다 작다. **True** **False**

3 백상아리의 몸무게는 4톤에 이른다. **True** **False**

4 범고래는 떼를 지어 사냥한다. **True** **False**

**B** 수컷 범고래의 크기는 얼마인가요?

1 2.5m

2 6m

3 9m

Week 29

# What's Tougher Than a Shark?

## 01 핵심단어 이야기의 핵심 단어와 표현을 읽어 보세요.

1 including ☐ ~을 포함한
2 flip ☐ 휙 뒤집다
*과거형 flipped
3 upside down ☐ 거꾸로, 뒤집혀
4 turn over ☐ 회전해 뒤집다
*과거형 turned
5 both ~ and ... ☐ ~뿐 아니라 …도
6 dangerous ☐ 위험한
7 intelligent ☐ 똑똑한
8 hunter ☐ 사냥꾼
9 toughest ☐ 가장 강한

## 02 핵심문장 우리말 뜻을 읽고 빈칸에 알맞은 영어 표현을 쓰세요.

1 They hunt many animals, ______ sharks.
그들은 상어를 포함해 많은 동물을 사냥한다.

2 ______ do they hunt?
그들은 어떻게 사냥할까?

3 They flip sharks ______ down.
그들은 상어를 거꾸로 뒤집는다.

4 When a shark is turned ______, it can't move.
상어는 뒤집히면 움직일 수 없다.

5 They are dangerous and ______ hunters.
그들은 위험하고 똑똑한 사냥꾼이다.

6 They are the ______ animals in the ocean.
그들은 해양에서 가장 강한 동물이다.

## 03 스토리리딩

이야기를 읽고 각 문장을 우리말로 옮겨 보세요. 29-03

Killer whales hunt many animals, including sharks.

How? They flip sharks upside down.

When a shark is turned over, it can't move. Killer whales know this.

Killer whales are both dangerous and intelligent hunters.

So they are the toughest animals in the ocean.

## 04 확인하기

Ⓐ 이야기를 읽고 맞으면 T, 틀리면 F에 동그라미 하세요.

1 범고래는 상어만 사냥한다. True False

2 범고래는 상어를 사냥하는 방법을 알고 있다. True False

3 범고래는 똑똑하지만 위험하지는 않다. True False

4 범고래는 가장 똑똑한 해양동물이다. True False

Ⓑ 범고래의 특성을 나타내는 말은 무엇인가요?

1 smartest

2 toughest

3 fastest

Week 30

# The Robot Cockroach

## 01 핵심단어 이야기의 핵심 단어와 표현을 읽어 보세요.

| | | |
|---|---|---|
| 1 | dislike<br>*과거형 disliked | ☐ 좋아하지 않다 |
| 2 | cockroach | ☐ 바퀴벌레 |
| 3 | insect | ☐ 곤충 |
| 4 | spread<br>*과거형 spread | ☐ 퍼트리다 |
| 5 | disease | ☐ 병, 질병 |
| 6 | hide<br>*과거형 hid | ☐ 숨다 |
| 7 | almost | ☐ 거의 |
| 8 | anywhere | ☐ 어디든, 아무 데나 |
| 9 | pass through<br>*과거형 passed | ☐ ~을 빠져나가다 |
| 10 | hole | ☐ 구멍 |

## 02 핵심문장 우리말 뜻을 읽고 빈칸에 알맞은 영어 표현을 쓰세요.

1 People ______ cockroaches.
사람들은 바퀴벌레를 좋아하지 않는다.

2 These insects ______ diseases.
이 곤충은 병을 퍼뜨린다.

3 These insects are ______ to kill.
이 곤충은 죽이기 어렵다.

4 They can ______ almost anywhere.
그들은 거의 모든 곳에 숨을 수 있다.

5 Cockroaches can ______ through tiny holes.
바퀴벌레는 매우 작은 구멍도 빠져나갈 수 있다.

6 Sometimes these ______s are shorter than their bodies.
때때로 이 구멍은 그들의 몸보다 더 작다.

## 03 스토리리딩

이야기를 읽고 각 문장을 우리말로 옮겨 보세요. 30-01

Most people dislike cockroaches.

These insects spread diseases and are hard to kill.

They can hide almost anywhere.

Cockroaches can pass through tiny holes.

Sometimes these are shorter than their bodies.

## 04 확인하기

Ⓐ 이야기를 읽고 맞으면 T, 틀리면 F에 동그라미 하세요.

1 사람들은 바퀴벌레를 좋아하지 않는다. True False

2 바퀴벌레는 비위생적이다. True False

3 바퀴벌레는 거의 아무 데나 숨을 수 있다. True False

4 바퀴벌레는 몸보다 작은 구멍은 빠져나갈 수 없다. True False

Ⓑ 밑줄 친 these는 무엇을 가리키나요?

1 most people

2 cockroaches

3 tiny holes

Week 30

# The Robot Cockroach

## 01 핵심단어 이야기의 핵심 단어와 표현을 읽어 보세요.

1 side ☐ 옆면, 측면
2 movement ☐ 움직임, 동작
3 research ☐ 연구, 조사
4 design *과거형 designed ☐ 설계하다
5 robot ☐ 로봇
6 size ☐ 크기
7 palm ☐ 손바닥
8 crawl *과거형 crawled ☐ 기어가다
9 go through *과거형 went ☐ ~을 통과하다
10 half ☐ 절반

## 02 핵심문장 우리말 뜻을 읽고 빈칸에 알맞은 영어 표현을 쓰세요.

1 Cockroaches move their legs to one ______.
바퀴벌레는 다리를 옆쪽으로 움직인다.

2 This ______ makes them become shorter.
이 동작이 그들을 더 작게 만든다.

3 From this, he and his ______ team designed a robot.
이것에서 그와 그의 연구팀은 로봇을 설계했다.

4 It's the size of a human ______.
그것은 사람의 손바닥 크기이다.

5 It can ______ like a cockroach.
그것은 바퀴벌레처럼 기어다닐 수 있다.

6 It can go ______ holes half its size.
그것은 자기 크기의 절반인 구멍을 빠져나갈 수 있다.

## 03 스토리리딩 이야기를 읽고 각 문장을 우리말로 옮겨 보세요. 30-02

Cockroaches move their legs to one side of their bodies.

This movement makes them become shorter.

From this, Dr. Kaushik Jayaram and his research team designed a robot.

It's the size of a human palm.

But it can crawl and go through holes half its size like a cockroach.

## 04 확인하기

Ⓐ 이야기를 읽고 맞으면 T, 틀리면 F에 동그라미 하세요.

1 바퀴벌레는 다리 크기를 줄여 몸을 줄일 수 있다. True False

2 바퀴벌레의 특징을 딴 로봇이 발명됐다. True False

3 이 로봇은 사람의 발바닥 크기만 하다. True False

4 이 로봇은 자기 몸보다 작은 구멍으로 들어갈 수 있다. True False

Ⓑ 밑줄 친 its는 무엇을 가리키나요?

1 a cockroach's

2 the robot's

3 a hole's

Week 30

# The Robot Cockroach

## 01 핵심단어 이야기의 핵심 단어와 표현을 읽어 보세요.

1 helpful ☐ 도움이 되는

2 collapse ☐ 무너지다
*과거형 collapsed

3 earthquake ☐ 지진

4 survive ☐ 생존하다
*과거형 survived

5 search for ☐ ~를 찾다
*과거형 searched

6 survivor ☐ 생존자

7 through ☐ ~을 통과해

8 crack ☐ 틈

9 locate ☐ 위치를 찾아내다
*과거형 located

10 rescuer ☐ 구조원

## 02 핵심문장 우리말 뜻을 읽고 빈칸에 알맞은 영어 표현을 쓰세요.

1 He wants the robot to be ______ to people.
그는 로봇이 사람들에게 도움이 되길 원한다.

2 Buildings ______ during earthquakes.
지진이 일어나는 동안 건물이 무너진다.

3 People ______ in buildings.
사람들은 건물 속에서 살아남는다.

4 The robot can ______ for survivors.
로봇이 생존자들을 찾아낼 수 있다.

5 It will crawl through tiny cracks and ______ people.
그것은 작은 틈으로 기어다니며 사람들의 위치를 찾아낼 것이다.

6 ______s will know where the survivors are.
구조원들은 생존자가 어디에 있는지 알 것이다.

## 03 스토리리딩 이야기를 읽고 각 문장을 우리말로 옮겨 보세요. 30-03

Dr. Jayaram wants the robot to be helpful people.

Buildings often collapse during earthquakes.

Sometimes people survive in them.

Dr. Jayaram's cockroach robot can search for survivors.

It will crawl through small cracks and locate people.

Then, rescuers will know where the survivors are.

## 04 확인하기

**A** 이야기를 읽고 맞으면 T, 틀리면 F에 동그라미 하세요.

1 자야람 박사는 사람을 돕기 위해 로봇을 만들었다. True False

2 이 로봇은 홍수 때 사람들을 도울 수 있다. True False

3 이 로봇은 무너진 건물 안에서 지진 생존자를 찾을 수 있다. True False

4 구조원들은 이 로봇을 통해 지진 발생 지역을 탐색한다. True False

**B** 밑줄 친 them은 무엇을 가리키나요?

1 people

2 buildings

3 holes

# 정답 및 해석

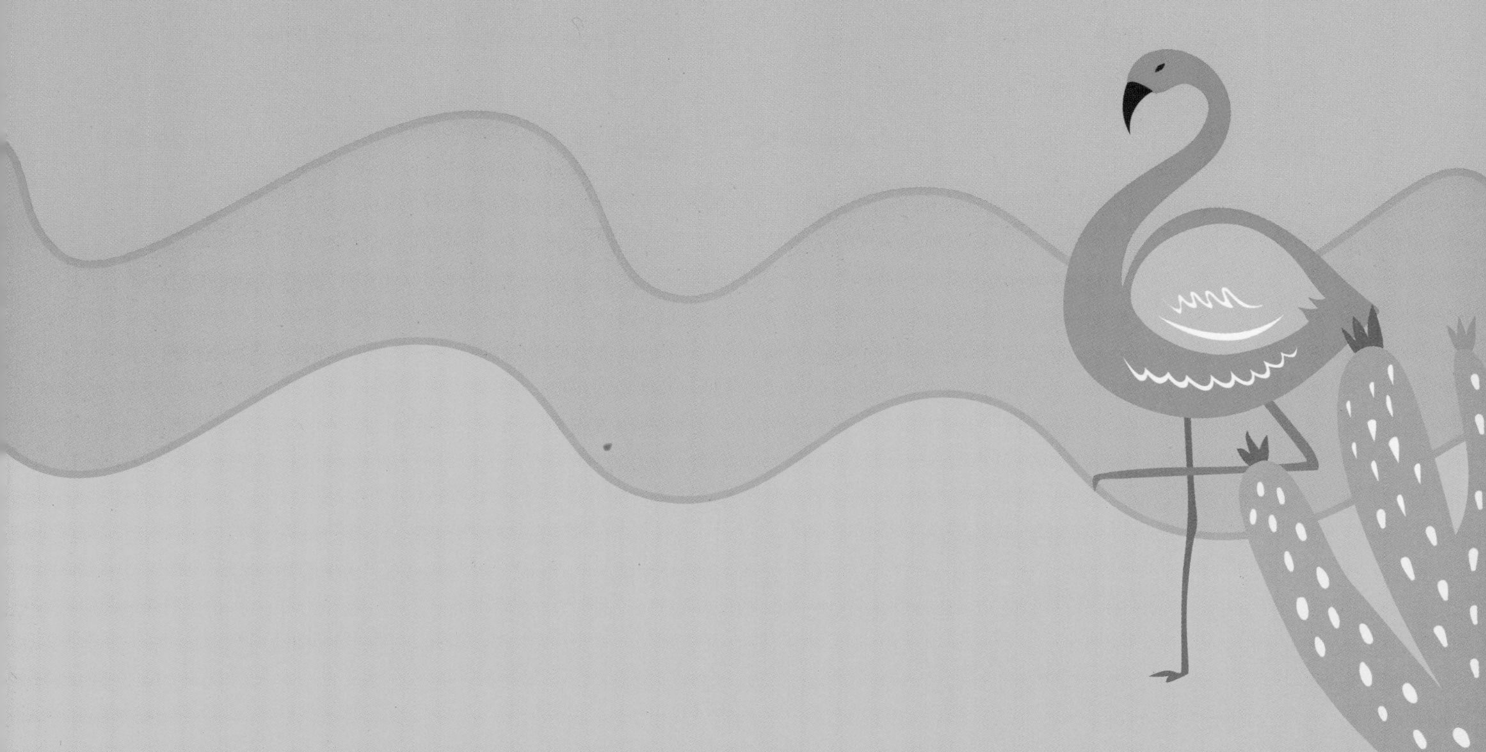

## Week 01 배를 탄 원숭이

### DAY 01 pp. 10~11

**02** 1 began 2 across 3 got
4 surprised 5 Africa 6 get

**03**
1500년대에 유럽인들은 대서양을 건너 항해를 시작했다.
그들이 남아메리카에 도착했을 때 그들은 매우 놀랐다.
그들은 어디에서나 원숭이를 보았다.
유럽인들은 원숭이가 아프리카와 아시아에서만 산다고 생각했다.
그들은 궁금했다. "원숭이는 어떻게 남아메리카에 도착했을까?"

Ⓐ 1 **True** 2 **False** 3 **True** 4 **False**
Ⓑ 1

### DAY 02 pp. 12~13

**02** 1 believe 2 answer 3 storm
4 knocked 5 sink 6 float

**03**
과학자들은 자신들이 그 답을 알고 있다고 믿는다.
원숭이는 대서양을 항해하여 건넜다.
아프리카에 폭풍이 일어났다. 그것은 나무 몇 그루를 바다로 쓰러뜨렸다.
나무는 가라앉지 않았다. 그 대신 그것들은 물 위에 떴다.
원숭이가 이 나무들에 있었던 것이다.

Ⓐ 1 **False** 2 **True** 3 **True** 4 **False**
Ⓑ 1

### DAY 03 pp. 14~15

**02** 1 week 2 similar 3 well
4 happened 5 discovered 6 long

**03**
나무와 원숭이는 바다를 항해했다.
2주 후, 그들은 남아메리카에 도착했다.
그 땅은 아프리카와 비슷했다. 그래서 원숭이는 잘 살았다.
이것은 4천만 년 전에 일어났다.
그것은 원숭이가 크리스토퍼 콜럼버스 훨씬 이전에 아메리카 대륙을 발견했다는 것을 뜻한다.

Ⓐ 1 **True** 2 **False** 3 **False** 4 **True**
Ⓑ 2

## Week 02 코끼리의 귀

### DAY 01 pp. 16~17

**02** 1 watched 2 going 3 raining
4 moved 5 another 6 followed

**03**
과학자들은 코끼리를 관찰했다.
"비가 올 겁니다," 한 명이 말했다. 곧 많은 비가 내리기 시작했다.
며칠 후 코끼리가 이동했다. 그들은 또 다른 곳으로 멀리 걸어갔다.
과학자들은 코끼리를 따라갔다.
"이상하군요," 다른 과학자가 말했다. "여기에도 곧 비가 올 겁니다."

Ⓐ 1 **True** 2 **False** 3 **False** 4 **True**
Ⓑ 1

### Day 02 pp. 18~19

**02** 1 intersting 2 moved 3 often
4 more 5 found 6 will

**03**
아프리카 나미비아의 과학자들은 코끼리에 관한 흥미로운 점을 알아차렸다.
코끼리가 새로운 곳으로 이동하면 종종 비가 내렸다.
코끼리는 때때로 200킬로미터 이상을 이동했다.
하지만 그들은 항상 비를 발견했다.
코끼리는 어떻게 어디에 비가 내릴지 아는 걸까?

Ⓐ 1 **True** 2 **False** 3 **True** 4 **True**
Ⓑ 2

### Day 03 pp. 20~21

**02** 1 huge 2 either 3 low
4 Storm 5 next 6 show

**03**
과학자들은 코끼리가 자신의 큰 귀를 이용한다고 믿는다.
그들은 250킬로미터까지 떨어져 있는 천둥소리를 들을 수 있다.
또는 폭풍이 만들어내는 낮은 소리를 들을 수 있다.
다음은 비가 어디에 내릴지 알고 싶은가?
코끼리를 따라가라. 그들이 당신에게 보여줄 것이다.

Ⓐ 1 **True** 2 **True** 3 **False** 4 **True**
Ⓑ 3

## Week 03 살아 있는 잔디 깎기

### DAY 01 pp. 22~23

**02** 1 hang 2 cut 3 tomorrow 4 truck 5 out 6 back

**03**
돈 왓슨이 전화를 받는다. "네," 그가 말한다.
"저희가 당신의 잔디를 깎아드릴 수 있습니다. 내일 그곳에 가겠습니다."
그런 다음, 그는 전화를 끊는다.
다음 날, 왓슨은 트럭을 몰고 공원으로 간다.
그가 내려서 뒷문을 연다.

Ⓐ 1 True 2 False 3 True 4 True
Ⓑ 2

### DAY 02 pp. 24~25

**02** 1 sheep 2 out 3 grass 4 finish 5 shorter 6 put

**03**
거기에 무엇이 들어 있을까? 잔디 깎기는 아니다.
그것은 양이다. 수많은 양이다.
왓슨은 양을 내보낸다. 그들은 잔디를 먹기 시작한다.
잠시 후 양은 먹는 것을 끝마친다. 잔디가 이제 더 짧다.
왓슨은 양을 트럭에 넣고 집으로 간다.

Ⓐ 1 False 2 True 3 True 4 False
Ⓑ 2

### Day 03 pp. 26~27

**02** 1 get 2 yard 3 called 4 angry 5 back 6 think

**03**
어떻게 왓슨은 잔디 깎는 사업을 하게 됐을까?
어느 날, 그의 양이 이웃집 마당에 들어갔다. 그들은 포도 덩굴을 조금 먹었다.
후에 이웃이 왓슨에게 전화했다.
그는 화내지 않았다. 그는 양이 돌아오길 원했다.
그는 양이 훌륭한 잔디 깎기라고 생각했다.

Ⓐ 1 False 2 False 3 True 4 True
Ⓑ 1

## Week 04 꺼지지 않는 불

### DAY 01 pp. 28~29

**02** 1 Hunter 2 rest 3 like 4 took 5 threw 6 Suddenly

**03**
사냥꾼 두 명이 숲속을 걷고 있었다. 그들은 쉬기 위해 멈추었다.
사냥꾼 중 한 명이 공기 냄새를 맡았다. "가스 냄새 같아." 그가 말했다.
그는 성냥을 꺼냈다. 그리고 그는 그것에 불을 붙였다.
그가 말했다. "무슨 일이 벌어질까 궁금한데…."
그는 성냥을 땅에 던졌다. 갑자기 불이 났다.

Ⓐ 1 False 2 False 3 True 4 True
Ⓑ 3

### DAY 02 pp. 30~31

**02** 1 New Zealand 2 catch 3 happened 4 burning 5 burned 6 still

**03**
이것은 뉴질랜드에서 1920년대에 일어났다.
다행히 숲에는 불이 붙지 않았다.
하지만 흥미로운 일이 일어났다.
작은 불이 타기 시작했다. 그것은 타고, 타고, 또 탔다.
오늘날 그것은 아직도 타고 있다.

Ⓐ 1 False 2 True 3 True 4 False
Ⓑ 1

### DAY 03 pp. 32~33

**02** 1 natural 2 from 3 burn 4 camping 5 campfire 6 already

**03**
그 숲속에는 천연가스가 있다.
일부 가스가 땅에서 새어 나온다.
그 불은 천연가스를 태운다.
만약 당신이 미래에 그곳으로 캠핑을 간다면 모닥불을 피울 필요가 없을 것이다.
그곳에 이미 하나가 당신을 위해 타고 있다.

Ⓐ 1 True 2 True 3 True 4 False
Ⓑ 2

## Week 05 펭귄의 가장 친한 친구들

### DAY 01

pp. 34~35

**02** 1 out 2 penguin 3 water 4 barking 5 turn 6 away

**03**
여우 한 마리가 섬을 살핀다.
그것은 펭귄 몇 마리를 볼 수 있다.
그것은 걸어서 물을 건너기 시작한다.
멍멍. 그것은 개가 짖는 것을 듣는다.
여우는 돌아서 도망친다.

Ⓐ 1 **True** 2 **False** 3 **True** 4 **True**
Ⓑ 1

### DAY 02

pp. 36~37

**02** 1 Australia 2 fairy 3 home 4 around 5 killing 6 left

**03**
이 섬은 호주에 있는 미들 아일랜드이다.
요정 펭귄(쇠푸른펭귄)이 미들 아일랜드에서 산다.
2005년에는 약 800마리의 요정 펭귄이 있었다.
하지만 그후에 여우가 펭귄을 죽이기 시작했다.
곧 펭귄 네 마리만 남았다.

Ⓐ 1 **True** 2 **True** 3 **True** 4 **False**
Ⓑ 2

### DAY 03

pp. 38~39

**02** 1 farmer 2 watched 3 left 4 Other 5 protect 6 Over

**03**
한 양계 농부가 자신의 개 아드볼을 미들 아일랜드로 보냈다.
아드볼은 펭귄들을 2주 동안 지켰다.
아드볼이 떠난 후, 다른 개가 섬에 왔다.
지금은 다른 개 두 마리가 펭귄을 보호한다.
이 모든 개 덕분에 100마리 이상의 요정 펭귄이 미들 아일랜드에 산다.

Ⓐ 1 **False** 2 **True** 3 **True** 4 **True**
Ⓑ 2

## Week 06 출소를 위한 자전거 타기

### DAY 01

pp. 40~41

**02** 1 several 2 wear 3 get 4 pedaling 5 near 6 turn

**03**
매일 아침 몇 명의 남자가 마당으로 걸어간다.
그들은 똑같은 빨간 옷을 입고 있다.
그들은 실내운동용 자전거에 올라탄다.
그런 다음, 페달을 구르기 시작한다.
곧 그들 가까이에 있는 한 건물 안의 전구가 켜진다.

Ⓐ 1 **True** 2 **False** 3 **False** 4 **False**
Ⓑ 1

### DAY 02

pp. 42~43

**02** 1 team 2 either 3 prisoner 4 create 5 for 6 turn

**03**
이 남자들은 자전거 팀에 속한 것이 아니다.
그들은 운동복을 입고 있는 것도 아니다.
그들은 브라질의 한 감옥에 있다. 그들은 수감자들이다.
그들은 전기를 만들기 위해서 페달을 구른다.
만약 그들이 하루 동안 페달을 구른다면 그들은 여섯 개의 전구를 켤 수 있다.

Ⓐ 1 **False** 2 **False** 3 **True** 4 **True**
Ⓑ 1

### DAY 03

pp. 44~45

**02** 1 ride 2 simple 3 earlier 4 another 5 prisoner 6 weight

**03**
왜 수감자들은 자전거를 탈까?
답은 간단하다.
그들은 자전거 페달을 구르면 감옥에서 더 일찍 나갈 수 있다.
또 하나의 이득이 있다.
몇몇 수감자는 살이 빠졌다고 말한다.

Ⓐ 1 **True** 2 **False** 3 **True** 4 **True**
Ⓑ 2

## Week 07 무해한 사이보그

### DAY 01
pp. 46~47

**02** 1 human 2 stronger 3 faster 4 afraid 5 killer 6 fight

**03**
사이보그는 로봇 같은 부위를 가진 인간이다.
이런 부위는 사이보그를 인간보다 더 강하게, 더 빠르게, 또는 더 좋게 만들 수 있다.
대다수 사람은 사이보그를 두려워한다.
몇몇 영화에서 사이보그는 종종 살인 로봇이다.
그들은 싸우고 인간을 죽인다.

Ⓐ 1 **True** 2 **True** 3 **False** 4 **False**
Ⓑ 1

### DAY 02
pp. 48~49

**02** 1 alive 2 blind 3 sight 4 turned 5 artificial 6 brain

**03**
오늘날 살아 있는 사이보그가 있다.
옌스 나우만이 한 명이다. 그는 사고를 당해서 눈이 멀었다.
2002년에 그는 시력을 되찾았다. 어떻게?
의사들이 그를 사이보그로 바꾸었다.
그는 인공 시각 시스템을 가지고 있다. 그것은 그의 눈과 뇌를 연결한다.

Ⓐ 1 **True** 2 **True** 3 **False** 4 **True**
Ⓑ 3

### DAY 03
pp. 50~51

**02** 1 Now 2 many 3 arm 4 body 5 totally 6 dangerous

**03**
그는 이제 사이보그이므로 다시 볼 수 있다.
나우만과 같은 사이보그가 그 밖에 많이 있다.
그들은 로봇 같은 팔, 다리 그리고 다른 신체 부위를 가지고 있다.
그들은 또한 완전히 무해하다.
모든 사이보그가 다 위험한 살인범은 아니다!

Ⓐ 1 **True** 2 **False** 3 **False** 4 **True**
Ⓑ 2

## Week 08 완벽한 예술 작품

### DAY 01
pp. 52~53

**02** 1 pope 2 Italy 3 spoke 4 asked 5 visited 6 painting

**03**
수백 년 전, 교황은 바티칸 교황청을 위한 새 그림을 원했다.
그는 이탈리아에 있는 예술가들과 이야기를 나누도록 대리인들을 보냈다.
그들은 예술가들의 그림 샘플을 요청했다.
어느 날, 한 남자가 조토를 방문했다.
그는 조토에게 그림 한 점을 요청했다.

Ⓐ 1 **True** 2 **True** 3 **True** 4 **False**
Ⓑ 3

### DAY 02
pp. 54~55

**02** 1 took 2 paintbrush 3 dipped 4 close 5 motion 6 perfect

**03**
조토는 종이 한 장을 꺼냈다.
그런 다음 그는 붓을 하나 집어 들었다.
그는 그 붓을 빨간 물감에 살짝 담갔다.
다음으로 그는 팔을 몸에 바싹 붙였다.
그러고 나서 한 동작으로 그는 완벽한 원을 그렸다.

Ⓐ 1 **True** 2 **True** 3 **False** 4 **False**
Ⓑ 1

### DAY 03
pp. 56~57

**02** 1 confused 2 gave 3 explained 4 compass 5 skill 6 hired

**03**
남자는 혼란스러웠다. 조토가 말했다. "교황은 이해할 겁니다."
바티칸 교황청에서 남자는 조토의 원을 교황에게 주었다.
그는 조토가 컴퍼스 없이 어떻게 그것을 만들었는지 설명했다.
교황은 조토의 대단한 실력을 깨닫았다.
그는 그림을 그리도록 조토를 고용했다.

Ⓐ 1 **False** 2 **True** 3 **False** 4 **True**
Ⓑ 1

## Week 09 물 위에서 점프하기

### DAY 01 pp. 58~59

**02** 1 branch 2 around 3 beetle 4 nowhere 5 off 6 pond

**03**
작은 귀뚜라미가 나뭇가지에 앉아 있다.
그것은 소리를 듣고 주위를 둘러본다.
딱정벌레가 다가온다. 갈 곳이 아무 데도 없다.
갑자기 귀뚜라미가 나뭇가지에서 뛰어내린다.
그것은 연못에 내려앉는다.

Ⓐ 1 True 2 True 3 True 4 False
Ⓑ 2

### DAY 02 pp. 60~61

**02** 1 sink 2 jump 3 land 4 insect 5 sticky 6 enough

**03**
그렇지만 귀뚜라미는 가라앉지 않는다. 그 대신 그것은 또 뛴다.
그것은 물 위에 내려앉는다. 그것은 물에서 뛰고 또 뛴다.
일부 곤충은 물 위를 걸을 수 있다. 하지만 그들은 그 위에서 뛸 수는 없다.
물의 표면은 끈적끈적하다.
그 곤충은 그 위에서 뛸 정도로 충분히 강하지 않다.

Ⓐ 1 True 2 False 3 True 4 True
Ⓑ 3

### DAY 03 pp. 62~63

**02** 1 different 2 hind 3 power 4 jump 5 ability 6 escape

**03**
하지만 좁쌀메뚜기는 다르다.
그것은 매우 강한 뒷다리 두 개를 가지고 있다.
이 다리가 그것이 물 위에서 뛸 힘을 준다.
이 능력은 좁쌀메뚜기에게 매우 큰 도움을 준다.
그것은 이 곤충이 딱정벌레나 다른 포식자로부터 탈출하게 해준다.

Ⓐ 1 False 2 False 3 True 4 True
Ⓑ 1

## Week 10 가장 강한 원숭이

### DAY 01 pp. 64~65

**02** 1 oil 2 ground 3 egg 4 put 5 hatched 6 years

**03**
1990년대에 남자 몇 명이 기름을 찾으려고 땅을 파고 있었다.
그들은 땅속을 보았다.
그들은 작은 알들을 보았다.
그들은 알을 물에 넣었다. 알 몇 개가 부화했다.
과학자들은 이 알이 1만 년 된 것이라고 말했다.

Ⓐ 1 True 2 True 3 False 4 True
Ⓑ 2

### DAY 02 pp. 66~67

**02** 1 animal 2 monkey 3 really 4 look 5 ocean 6 salty

**03**
어떤 동물이 그렇게 오래 살 수 있을까?
바다 원숭이는 그럴 수 있다.
그렇지만 그것이 꼭 원숭이라는 건 아니다. 그것은 원숭이를 전혀 닮지 않았다.
그것은 브라인 슈림프이다.
그것은 해양에서도 살지 않는다.
그 대신 그것은 짠 연못과 호수를 더 좋아한다.

Ⓐ 1 True 2 False 3 True 4 True
Ⓑ 1

### DAY 03 pp. 68~69

**02** 1 toughest 2 survive 3 set 4 boil 5 moon 6 outer

**03**
바다 원숭이는 자연의 가장 강한 생물 중 하나이다.
그것은 산소와 물이 없어도 살아남을 수 있다.
사람들은 그것에 불을 붙이고, 그것을 물에 끓이고, 그것을 얼릴 수도 있다. 하지만 그것은 여전히 살 것이다.
일부 바다 원숭이는 심지어 달에 갔다 돌아왔다.
그들은 우주 공간에 있으면서도 살아남았다.

Ⓐ 1 True 2 True 3 True 4 False
Ⓑ 3

## Week 11 잠자는 수학자

### DAY 01
pp. 70~71

**02** 1 solve 2 hard 3 up
4 looked 5 answer 6 wrote

**03**
마리아는 수학 문제를 풀려고 했다.
“이건 너무 어려워. 난 할 수 없어.” 그녀가 말했다. 그래서 그녀는 포기하고 잠자리에 들었다.
다음 날 아침, 그녀는 문제를 쳐다봤다.
답이 종이에 있었다.
“이상하네.” 그녀가 말했다. “누가 저걸 썼지?”

Ⓐ 1 **True** 2 **True** 3 **False** 4 **False**
Ⓑ 3

### DAY 02
pp. 72~73

**02** 1 closely 2 handwriting 3 sleep
4 Italian 5 born 6 died

**03**
그녀는 종이를 더 자세히 보았다.
답은 그녀 자신의 필체였다.
그녀는 자면서 그것을 풀었다.
그 여성은 마리아 아녜시였다.
그녀는 이탈리아인이었다. 그녀는 1718년에 태어나 1799년에 죽었다.

Ⓐ 1 **True** 2 **True** 3 **False** 4 **False**
Ⓑ 1

### DAY 03
pp. 74~75

**02** 1 few 2 genius 3 famous
4 times 5 much 6 while

**03**
그녀 생전에 수학자인 여성은 거의 없었다.
하지만 마리아는 수학 천재였다.
그녀는 수학책을 한 권 썼고 매우 유명해졌다.
그녀는 또한 잠자는 동안 수학 문제를 여러 번 풀었다.
그녀는 심지어 자는 동안에도 그것을 할 정도로 수학을 매우 좋아했다.

Ⓐ 1 **False** 2 **True** 3 **True** 4 **False**
Ⓑ 3

## Week 12 포기를 몰랐던 소년

### DAY 01
pp. 76~77

**02** 1 Foolish 2 wasting 3 scolded
4 artist 5 painting 6 angry

**03**
“어리석은 녀석” 남자가 말했다.
“너는 예술에 시간을 낭비하고 있다.” 그는 소년을 야단쳤다.
소년은 답했다. “그렇지만 아버지, 전 예술가가 되고 싶어요.”
“전 그림을 그리고 스케치하는 것을 매우 좋아해요.”
소년의 아버지는 화가 났다.

Ⓐ 1 **True** 2 **False** 3 **True** 4 **True**
Ⓑ 1

### DAY 02
pp. 78~79

**02** 1 scholar 2 Nobody 3 hit
4 give 5 continue 6 will

**03**
“너는 위대한 학자가 될 것이다.
부오나로티 가문의 그 누구도 절대 예술가가 되지 않을 것이다.” 아버지가 말했다.
그러고 나서 그는 그를 여러 번 때렸다. 소년의 삼촌들도 그를 때렸다.
하지만 소년은 포기하지 않았다.
“나는 계속 그림을 그리고 스케치를 할 거야.” 그는 말했다. “나는 위대한 예술가가 될 거야.”

Ⓐ 1 **True** 2 **False** 3 **False** 4 **True**
Ⓑ 3

### DAY 03
pp.80~81

**02** 1 agreed 2 son 3 studied
4 artwork 5 made 6 sulpture

**03**
마침내 소년의 아버지는 동의했다.
그는 화가와 공부하도록 자기 아들을 보냈다.
소년은 열심히 공부했고 유명한 작품을 많이 만들었다.
그는 누구였을까? 그는 미켈란젤로 부오나로티였다.
그는 〈최후의 심판〉을 그렸고 그는 〈다윗〉 과 〈피에타〉 조각상을 만들었다.

Ⓐ 1 **True** 2 **False** 3 **True** 4 **False**
Ⓑ 1

## Week 13 비행하는 개

### DAY 01 pp. 82~83

**02** 1 (air)plane 2 out 3 flying
4 fly 5 behind 6 out

**03**
비행기가 착륙하고 한 남자가 내린다.
한 여자가 "멋진 비행이었어요."라고 말한다.
"저는 비행기를 운전하지 않았어요. 그가 했죠." 남자는 말한다.
그는 자신의 뒤쪽을 가리킨다.
바로 그때, 개 한 마리가 비행기에서 뛰어나온다.

Ⓐ 1 **False** 2 **False** 3 **True** 4 **False**
Ⓑ 3

### DAY 02 pp. 84~85

**02** 1 (air)plane 2 find 3 trained
4 turn 5 straight 6 by

**03**
개가 비행기를 조종할 수 있을까? 개 조련사 마크는 알아보기로 결심했다.
그는 레지, 섀도, 알피 이렇게 세 마리를 선택했다.
먼저 그는 그들을 땅에서 훈련시켰다.
그는 불을 이용해 왼쪽과 오른쪽으로 꺾고 직진하도록 가르쳤다.
그런 후, 그는 개를 한 마리씩 하늘 높이 데려갔다.

Ⓐ 1 **True** 2 **False** 3 **True** 4 **False**
Ⓑ 2

### DAY 03 pp. 86~87

**02** 1 All 2 air 3 figure
4 Which 5 flew 6 minute

**03**
세 마리 개 모두 비행기를 조종했다.
각각의 개가 공중에서 심지어 숫자 8 모양을 그렸다.
어느 개가 먼저 비행했을까?
그것은 레지였다.
그는 15분 연속으로 비행했다.

Ⓐ 1 **False** 2 **True** 3 **False** 4 **False**
Ⓑ 3

## Week 14 춤추는 거미

### DAY 01 pp. 88~89

**02** 1 move 2 back 3 one/a
4 another 5 third 6 spider

**03**
그는 왼쪽으로 움직인다. 그는 오른쪽으로 움직인다.
그는 앞뒤로 왔다갔다 춤춘다.
그는 다리 하나를 든다. 그는 또 다른 다리를 든다.
그는 세 번째 다리를 든다. 세 번째 다리라니?
무엇이 춤추고 있을까? 그것은 공작새거미이다.

Ⓐ 1 **True** 2 **True** 3 **False** 4 **True**
Ⓑ 3

### DAY 02 pp. 90~91

**02** 1 Australia 2 Male 3 spider
4 adult 5 colorful 6 abdomen

**03**
그것은 호주에 산다. 수컷 공작새거미는 암컷을 위해 춤춘다.
공작새거미는 매우 작다.
다 자란 공작새거미는 보통 0.5센티미터 미만이다.
하지만 이 거미는 매우 화려하다.
그것의 배 일부는 파란색, 빨간색, 초록색, 노란색 또는 그 외의 다른 색이다.

Ⓐ 1 **True** 2 **False** 3 **False** 4 **True**
Ⓑ 3

### DAY 03 pp. 92~93

**02** 1 When 2 lower 3 down
4 shuffle 5 Look 6 action

**03**
수컷이 춤출 때 그는 자신의 몸의 화려한 부분을 들었다 내린다.
그는 자신의 다리를 위아래로 움직인다. 그는 앞뒤로 발을 끌듯 춤춘다.
그것이 춤추는 걸 보고 싶은가?
인터넷에서 영상을 찾아보라.
공작새거미가 그 동작을 하는 모습을 볼 수 있다.

Ⓐ 1 **False** 2 **True** 3 **True** 4 **True**
Ⓑ 1

## Week 15 음악을 훔친 도둑

### DAY 01

pp. 94~95

**02** 1 called 2 popular 3 itself 4 law 5 perform 6 down

**03**

1630년대에 그레고리오 알레그리는 <미제레레>라고 불리는 음악을 작곡했다.

그것은 바티칸 교황청에서 매우 인기가 많았다.

바티칸 교황청은 그 음악을 그 자신을 위해서만 사용하길 원했다. 그래서 법을 통과시켰다.

음악가들은 <미제레레>를 오직 바티칸 교황청에서만 연주할 수 있었다.

그리고 아무도 그 곡을 받아 적을 수도 없었다.

Ⓐ 1 **True** 2 **True** 3 **False** 4 **True**

Ⓑ 1

### DAY 02

pp. 96~97

**02** 1 published 2 shocked 3 get 4 steal 5 when 6 genius

**03**

140년 후인 1771년에 찰스 버니가 <미제레레> 악보를 영국에서 출판했다.

사람들은 충격을 받았고 궁금해했다.

그는 어떻게 그 악보를 구했을까? 그는 그걸 훔쳤을까?

그것은 단순했다. 그것은 볼프강 아마데우스 모차르트가 14살 때였다.

이 음악 천재는 바티칸 교황청을 방문해 <미제레레>를 들었다.

Ⓐ 1 **True** 2 **False** 3 **True** 4 **False**

Ⓑ 1

### DAY 03

pp. 98~99

**02** 1 down 2 entire 3 ordered 4 explained 5 angry 6 natural

**03**

모차르트는 그 음악을 매우 좋아해서 그것을 받아 적었다.

그는 전곡을 외웠다!

교황은 모차르트에게 바티칸 교황청을 방문하라고 명령했다.

모차르트가 설명하고 나자 교황은 화내지 않았다.

그 대신 그는 모차르트의 타고난 천재성을 칭찬했다.

Ⓐ 1 **True** 2 **True** 3 **False** 4 **True**

Ⓑ 3

## Week 16 특이한 한 쌍

### DAY 01

pp. 100~101

**02** 1 beach 2 covered 3 home 4 feather 5 fed 6 better

**03**

2011년 주앙 페레이라 데 수자는 브라질에 있는 한 해변을 걷고 있었다.

그는 작은 펭귄 한 마리를 보았다. 그것은 기름에 덮여 있었다.

데 수자는 펭귄을 집으로 데려갔다.

그는 새의 깃털을 닦아주었다. 그는 펭귄에게 물고기를 먹였다.

펭귄은 서서히 상태가 좋아졌다.

Ⓐ 1 **True** 2 **True** 3 **False** 4 **True**

Ⓑ 3

### DAY 02

pp. 102~103

**02** 1 took 2 go 3 called 4 swam 5 one 6 showed

**03**

몇 달 후, 데 수자는 펭귄을 데리고 해변으로 갔다.

그는 새를 풀어주었다.

'딘딤'이라고 불리는 그 펭귄은 헤엄쳐 가버렸다.

어느 날 데 수자는 해변에 있었다.

놀랍게도 딘딤이 나타났다.

Ⓐ 1 **True** 2 **False** 3 **False** 4 **True**

Ⓑ 1

### DAY 03

pp. 104~105

**02** 1 recognized 2 tail 3 honking 4 February 5 pick 6 anyone

**03**

딘딤은 데 수자를 알아보았다.

그는 자기 꼬리를 흔들었다. 그는 끼룩거리는 소리도 냈다.

딘딤은 데 수자를 매년 방문한다. 그는 6월에 도착해 2월에 떠난다.

딘딤은 데 수자가 자신을 들어올리게 해준다. 데 수자는 먹이를 주고 새를 씻기기도 한다.

하지만 딘딤은 다른 누구도 자신을 만지게 놔두지 않는다.

Ⓐ 1 **True** 2 **False** 3 **True** 4 **False**

Ⓑ 3

## Week 17 도마뱀을 훈련시키는 법

### DAY 01 pp. 106~107

**02** 1 lizard 2 hopping 3 grab
4 fall 5 die 6 ate

**03**
왕도마뱀은 두꺼비가 땅에서 깡충깡충 뛰는 걸 본다.
도마뱀은 그것을 잡아서 먹는다.
30초 후에 도마뱀이 쓰러져 죽는다.
무슨 일이 일어난 걸까?
도마뱀이 수수두꺼비를 먹었/다.

Ⓐ 1 **True** 2 **True** 3 **False** 4 **True**
Ⓑ 3

### DAY 02 pp. 108~109

**02** 1 highly 2 Animal 3 sick
4 lizard 5 train 6 Nowadays

**03**
수수두꺼비는 매우 독성이 강하다.
그래서 수수두꺼비를 먹은 동물은 죽거나 병든다.
호주의 수수두꺼비는 많은 동물을 죽이고 있다.
호주의 모든 왕도마뱀 중 90퍼센트 이상이 죽었다.
요즘에는 일부 과학자들이 수수두꺼비를 먹지 않도록 왕도마뱀을 훈련시킨다.

Ⓐ 1 **False** 2 **True** 3 **False** 4 **True**
Ⓑ 2

### DAY 03 pp. 110~111

**02** 1 feed 2 get/become 3 other
4 avoid 5 ill 6 deadly

**03**
과학자들은 왕도마뱀에게 어린 수수두꺼비를 먹인다.
도마뱀은 두꺼비를 먹고 병든다. 하지만 그들은 죽지 않는다.
후에 도마뱀이 다른 수수두꺼비를 볼 때 그들은 그 두꺼비를 피한다.
그들은 다시는 병들고 싶지 않다.
이제 훈련받은 도마뱀은 이 치명적인 두꺼비 옆에서 안전하게 살 수 있다.

Ⓐ 1 **True** 2 **True** 3 **False** 4 **True**
Ⓑ 2

## Week 18 서로 다른 쌍둥이

### DAY 01 pp. 112~113

**02** 1 brother 2 twin 3 share
4 same 5 height 6 away

**03**
스콧 켈리와 마크 켈리는 형제이다.
그들은 쌍둥이기도 하다. 그래서 그들은 똑같이 생겼다.
그들은 똑같은 머리카락 색깔과 눈동자 색깔을 가졌다.
그들은 키도 거의 같다.
하지만 스콧은 12개월 동안 떠나 있었다.

Ⓐ 1 **True** 2 **True** 3 **True** 4 **False**
Ⓑ 1

### DAY 02 pp. 114~115

**02** 1 back 2 different 3 taller
4 about 5 Space 6 spent

**03**
스콧이 돌아왔을 때 그는 달랐다.
그는 자기 형제보다 키가 더 컸다.
실제로 그는 키가 약 4센티미터 더 컸다.
스콧은 국제 우주 정거장에 있었다.
그는 우주에서 1년을 보냈다.

Ⓐ 1 **True** 2 **False** 3 **True** 4 **True**
Ⓑ 1

### DAY 03 pp. 116~117

**02** 1 gravity 2 apart 3 taller
4 shoter 5 next 6 same

**03**
우주에는 중력이 없다. 그래서 몸에 있는 뼈가 벌어진다.
그것이 우주에서 사람들을 더 크게 만든다.
돌아온 지구에는 중력이 있다. 그래서 사람들은 키가 작아진다.
며칠 후에 스콧과 마크는 옆으로 나란히 섰다.
그들은 키가 다시 같았다.

Ⓐ 1 **True** 2 **False** 3 **True** 4 **False**
Ⓑ 3

## Week 19 외딴 곳에 자리한 금고

### DAY 01

pp. 118~119

**02** 1 Somewhere 2 light 3 from
4 inside 5 as 6 Santa

**03**
북극과 가까운 어딘가에서 초록색 빛이 반짝이고 있다.
그 빛은 한 이상한 건물에서 나오고 있다.
안에는 길고 어두운 터널이 있다.
그리고 그것은 냉동고만큼 춥다.
이곳은 산타의 집인가?

Ⓐ 1 **True** 2 **False** 3 **False** 4 **True**
Ⓑ 2

### DAY 02

pp. 120~121

**02** 1 seed 2 located 3 keep
4 crop 5 kind 6 more

**03**
그것은 스발바르 국제 종자 저장고이다.
그것은 씨앗 은행이다. 그것은 노르웨이에 위치해 있다.
많은 나라가 그곳에 씨앗을 보관한다.
옥수수, 감자, 그리고 그 외 다른 작물의 씨앗이 있다.
지금 현재 이 금고는 98만 종 이상의 씨앗을 갖고 있다.

Ⓐ 1 **False** 2 **False** 3 **False** 4 **True**
Ⓑ 2

### DAY 03

pp. 122~123

**02** 1 quarter 2 disease 3 similar
4 safe 5 far 6 alive

**03**
1970년대에 미국 옥수수 작물의 1/4이 죽었다.
그 일은 병해 때문에 일어났다. 다른 비슷한 사건들도 있었다.
사람들은 씨앗을 위한 안전한 장소를 원했다.
그래서 그들은 이 씨앗 은행을 많은 문제점들과 멀리 떨어진 곳에 지었다.
미래에 이런 씨앗은 우리가 살아 있게 도와줄지도 모른다.

Ⓐ 1 **False** 2 **True** 3 **True** 4 **True**
Ⓑ 1

## Week 20 위니라는 이름의 곰

### DAY 01

pp. 124~125

**02** 1 Canada 2 cub 3 bought
4 called 5 army 6 laugh

**03**
1914년에 해리 콜번은 캐나다 여행을 하고 있었다.
거기서 그는 새끼 곰을 가진 남자를 보았다.
콜번은 그 곰을 샀다. 그는 그녀를 '위니'라 불렀다.
그는 그녀를 자신의 군부대로 데려갔다.
그녀는 군인들을 웃게 만들었다.

Ⓐ 1 **True** 2 **False** 3 **True** 4 **False**
Ⓑ 2

### DAY 02

pp. 126~127

**02** 1 England 2 fight 3 zoo
4 popular 5 visited 6 loved

**03**
곧 콜번과 위니는 배를 타고 영국으로 갔다.
그는 제1차 세계 대전에 싸우러 나갈 것이었다. 그래서 그는 위니를 동물원에 주었다.
동물원에서 위니는 매우 인기가 많았다.
어느 날 크리스토퍼 로빈이 아버지와 동물원을 방문했다.
소년은 위니를 매우 좋아했다.

Ⓐ 1 **False** 2 **False** 3 **False** 4 **True**
Ⓑ 2

### DAY 03

pp. 128~129

**02** 1 favorite 2 bear 3 idea
4 started 5 enjoy 6 real

**03**
크리스토퍼 로빈은 자신이 가장 좋아하는 곰 인형을 '위니 더 푸'라고 이름 붙였다.
소년의 아버지에게 한 가지 생각이 떠올랐다.
그는 크리스토퍼 로빈과 위니 더 푸에 관해 글을 쓰기 시작했다.
오늘날 많은 사람이 A.A. 밀른의 책 〈곰돌이 푸〉를 즐기고 좋아한다.
그리고 그는 자신의 이야기를 진짜 곰을 바탕으로 했다.

Ⓐ 1 **True** 2 **False** 3 **True** 4 **False**
Ⓑ 3

## Week 21 인간의 가장 좋은 친구

### DAY 01 pp. 130~131

**02** 1 emergency 2 nothing 3 hung
4 rang 5 spoke 6 call

**03**
"여보세요. 911입니다. 어떤 응급 상황인가요?"
911 교환원은 귀 기울여 들었지만, 아무것도 듣지 못했다.
그녀는 전화를 끊었다.
몇 초 후 전화가 또 울렸다. 또 아무도 말하지 않았다.
같은 번호에서 열 통의 전화가 왔다.

Ⓐ 1 True 2 False 3 True 4 True
Ⓑ 2

### DAY 02 pp. 132~133

**02** 1 carefully 2 problem 3 ambulance
4 arrived 5 front 6 Rescue

**03**
마지막 전화에서 교환원들은 주의 깊게 들었다.
"잠깐만요. 제 생각엔…"라고 한 사람이 말했다. "한 남자에게 문제가 있어요."
그들은 그의 집으로 구급차를 보냈다.
그것이 집에 도착하자 앞마당에 개 한 마리가 기다리고 있었다.
구조원들은 개를 따라 뒤뜰로 갔다.

Ⓐ 1 True 2 True 3 False 4 True
Ⓑ 3

### DAY 03 pp. 134~135

**02** 1 found 2 lying 3 hospital
4 owner 5 pulled 6 Thanks

**03**
구조원들이 땅에 누워 있는 한 남자를 발견했다.
그들은 재빨리 그를 병원으로 데려갔다.
그의 주인이 아프자 '메이저'라는 이름의 개가 행동을 취했다.
그는 테리의 주머니에서 전화기를 꺼냈다. 그런 다음 자신의 발로 911에 전화를 걸었다.
메이저 덕분에 테리는 오늘날 여전히 살아 있다.

Ⓐ 1 True 2 True 3 False 4 True
Ⓑ 2

## Week 22 삶에 대한 의지

### DAY 01 pp. 136~137

**02** 1 normal 2 shaking 3 earthquake
4 destroyed 5 avalanche 6 hurt

**03**
2015년 4월 25일, 네팔의 평범한 어느 날이었다.
정오 전에 땅이 흔들리기 시작했다.
강력한 지진이 여러 마을 전체를 파괴했다.
산에는 눈사태가 났다.
약 9천 명이 죽었고, 2만 명이 다쳤다.

Ⓐ 1 True 2 True 3 True 4 False
Ⓑ 2

### DAY 02 pp. 138~139

**02** 1 survivor 2 few 3 Heavy
4 against 5 ready 6 person

**03**
사람들이 생존자를 수색하기 시작했지만 몇 명만 발견했을 뿐이었다.
폭우가 수색을 한층 더 어렵게 했다.
사람들은 자연이 그들에게 불리하게 작용한다고 생각했다.
4월 30일경에는 대다수 구조원이 포기할 준비가 돼 있었다.
그때 한 사람이 호텔에서 무언가를 들었다.

Ⓐ 1 False 2 True 3 True 4 False
Ⓑ 1

### DAY 03 pp. 140~141

**02** 1 digging 2 out 3 survived
4 butter 5 wet 6 will

**03**
구조원들은 땅을 파기 시작했다. 잠시 후 그들은 소년 한 명을 꺼냈다.
피마 라마는 5일 동안 살아남았다. 어떻게?
다행히 그는 가까이에서 버터를 발견했고 그것을 먹었다.
그는 젖은 옷에서 물을 빨아 마셨다.
하지만 대체로 그는 결코 살려는 의지를 잃지 않았다.

Ⓐ 1 True 2 False 3 False 4 True
Ⓑ 1

## Week 23 샌프란시스코의 특별한 파티

### DAY 01 pp. 142~143

**02** 1 May 2 woke 3 attend
4 By 5 more 6 finally

**03**
1937년 5월 27일, 샌프란시스코의 사람들 수천 명이 일찍 일어났다.
그들은 특별한 파티에 참석하고 싶었다.
오전 6시경에 1만 8천 명의 사람이 기다리고 있었다.
오전 9시 30분경에 수천 명이 더 도착했다.
그러자 파티가 마침내 시작되었다.

Ⓐ 1 True 2 False 3 False 4 False
Ⓑ 3

### DAY 02 pp. 144~145

**02** 1 gathered 2 celebrate 3 on
4 on 5 flew 6 by

**03**
20만 명 이상의 사람이 모였다.
대부분은 축하하려고 걸었다.
또 다른 사람들은 롤러스케이트를 타고 있었다. 몇몇은 긴 막대에 올라 걸었다.
오전 11시에 5백 대의 전투기가 파티 위를 날았다.
오후 3시에는 42척의 미 해군함이 그 옆에서 항해했다.

Ⓐ 1 False 2 False 3 True 4 False
Ⓑ 2

### DAY 03 pp. 146~147

**02** 1 grand 2 years 3 closer
4 longest 5 width 6 why

**03**
그날은 금문교의 개통일이었다.
수년간 사람들은 골든 게이트 해협을 건너는 다리를 원했다.
마침내 샌프란시스코와 마린 카운티는 서로 더 가까워졌다.
그것은 세계에서 가장 긴 현수교였고 길이는 2737m였다.
그것이 이 특별한 파티가 일주일간 계속된 이유였다.

Ⓐ 1 False 2 False 3 True 4 True
Ⓑ 2

## Week 24 모비 딕

### DAY 01 pp. 148~149

**02** 1 story 2 whale 3 crew
4 kill 5 fail 6 sink

**03**
1851년에 허먼 멜빌은 〈백경〉을 썼다.
그것은 거대한 흰 고래 모비 딕에 관한 이야기이다.
책에서 에이허브 선장과 그의 선원들은 모비 딕을 사냥한다.
그들은 고래를 죽이려고 하지만 실패한다.
결말에서 모비 딕은 에이허브의 배를 침몰시킨다.

Ⓐ 1 True 2 False 3 False 4 False
Ⓑ 2

### DAY 02 pp. 150~151

**02** 1 up 2 wrong 3 huge
4 attacked 5 None 6 destroyed

**03**
많은 사람은 멜빌이 그 이야기를 지어냈다고 믿는다.
그들은 틀렸다.
1800년대 초, 포경선은 거대한 흰 고래를 보았다.
100척 이상의 선박이 그것을 공격했다. 하지만 그중 무엇도 그것을 죽이지 못했다.
여러 번 그 고래가 선박을 파괴했다.

Ⓐ 1 True 2 False 3 True 4 False
Ⓑ 2

### DAY 03 pp. 152~153

**02** 1 No 2 sank 3 succeeded
4 crew 5 true 6 creature

**03**
28년 동안 어떤 포경선도 그 고래를 죽이지 못했다.
하지만 그것은 약 20척의 배를 손상시키고 침몰시켰다.
마침내 한 척의 배가 성공했다. 선원들은 흰 고래 모카 딕을 죽였다.
멜빌은 단순히 실제 이야기에 대해 쓴 것이 아니었다.
그는 심지어 동물의 이름도 비슷하게 만들어냈다.

Ⓐ 1 True 2 False 3 True 4 True
Ⓑ 2

## Week 25 당신에게 내가 가진 다리를 팔겠소

### DAY 01

pp. 154~155

**02** 1 asked 2 owned 3 collect
4 selling 5 tourist 6 toll

**03**
한 남자가 관광객에게 다리를 사달라고 청했다.
그는 자신이 브루클린 대교를 소유하고 있다고 말했다.
하지만 그는 통행료를 걷을 수 없었다. 그래서 그것을 팔고 있었다.
관광객은 남자에게 돈을 냈다.
그런 후 그는 사람들한테서 다리 이용에 대한 통행료를 걷기 시작했다.

Ⓐ 1 False 2 True 3 False 4 True
Ⓑ 3

### DAY 02

pp. 156~157

**02** 1 appeared 2 take 3 bought
4 right 5 owner 6 scammed

**03**
한 시간 후 경찰이 나타났다.
"다리에 있는 사람들한테서 돈을 뺏으면 안 됩니다, 선생님." 경찰관이 말했다.
"아뇨, 됩니다. 제가 다리를 샀습니다." 관광객이 말했다.
"조지 파커라는 사람이었죠, 맞죠?" 경찰관이 물었다.
그들은 조지 파커가 주인이 아니라고 말했다. 그는 관광객을 속인 것이었다.

Ⓐ 1 True 2 False 3 True 4 True
Ⓑ 3

### DAY 03

pp. 158~159

**02** 1 conman 2 bridge 3 well-known
4 sold 5 own 6 stole

**03**
조지 파커는 미국의 유명한 사기꾼이었다.
그는 단순히 브루클린 대교만 판 게 아니었다.
때때로 그는 다른 유명한 곳도 팔았다.
그는 심지어 자유의 여신상도 팔았다. 물론 그는 그것들을 소유하고 있지 않았다.
하지만 그는 그래도 그것들을 팔아 많은 사람들로부터 돈을 훔쳤다.

Ⓐ 1 True 2 True 3 False 4 True
Ⓑ 3

## Week 26 놀라운 닭, 마이크

### DAY 01

pp. 160~161

**02** 1 break 2 around 3 Everywhere
4 see 5 special 6 live

**03**
1945년에 로이드 올슨은 농사를 쉬었다.
그는 미국 여기저기를 여행했다.
그가 어디를 가든 사람들이 그에게 돈을 냈다.
그들은 그의 닭 마이크를 보고 싶어 했다. 마이크의 어떤 점이 특별했던 걸까?
그는 머리 없이 살아 있는 새였다.

Ⓐ 1 True 2 False 3 True 4 False
Ⓑ 1

### DAY 02

pp. 162~163

**02** 1 market 2 off 3 rooster
4 following 5 amazed 6 Nobody

**03**
어느 날 올슨은 정육점에 팔기 위해 닭을 잡고 있었다.
그는 마이크의 머리를 잘랐다. 하지만 그 수탉은 죽지 않았다.
마이크는 다음날에도 여전히 살아 있었다. 올슨은 놀랐다.
그래서 그는 그 머리 없는 새를 시장에 있는 사람들에게 보여주었다.
아무도 그것을 믿을 수 없었다.

Ⓐ 1 False 2 False 3 True 4 True
Ⓑ 2

### DAY 03

pp. 164~165

**02** 1 newspaper 2 fame 3 state
4 choked 5 incredible 6 head

**03**
한 신문사에서 마이크에 관해 듣고 기사를 썼다.
마이크는 명성을 얻었다. 그래서 올슨은 그와 함께 여러 주를 여행했다.
그러던 1947년 어느 날 밤, 마이크 질식해 죽었다.
그는 놀라운 새였다.
그는 머리 없이 18개월을 살아 있었던 것이다.

Ⓐ 1 True 2 True 3 False 4 True
Ⓑ 1

## Week 27 엄청난 먹성

### DAY 01

pp. 166~167

**02** 1 amount 2 enough 3 hungry
4 Poland 5 army 6 captured

**03**
감옥에서는 모두가 같은 양의 음식을 받는다.
하지만 한 남자가 열 명의 수감자에게 충분한 음식을 먹었다. 그래도 그는 여전히 배고팠다.
이 배고픈 남자는 찰스 도머리였다.
그는 폴란드 출신이었지만 프랑스군에 입대했다.
후에 영국인들이 그를 포로로 잡았다.

Ⓐ 1 **True** 2 **False** 3 **False** 4 **False**
Ⓑ 3

### DAY 02

pp. 168~169

**02** 1 eating 2 time 3 caught
4 grass 5 bad 6 gave

**03**
감옥에서 영국인들은 그의 식습관에 대해 알게 되었다.
도머리는 늘 배고팠다.
그는 쥐를 잡아먹었다. 그는 하루 2킬로그램의 풀을 먹었다.
다른 수감자들이 도머리를 불쌍히 여겼다.
그래서 그들은 그가 먹을 수 있게 자신들의 음식을 주었다.

Ⓐ 1 **True** 2 **True** 3 **False** 4 **False**
Ⓑ 2

### DAY 03

pp. 170~171

**02** 1 tested 2 raw 3 for
4 bottle 5 anything 6 vegetable

**03**
어느 날 영국인들은 그를 시험했다.
12시간 동안 그는 생 쇠고기 7킬로그램을 먹고 1킬로그램의 양초를 먹었다.
그는 와인도 다섯 병 마셨다. 그리고는 음식을 더 달라고 했다.
도머리가 먹지 않는 것이 있었을까?
한 가지 있었다. 야채였다. 그는 그것을 싫어했다.

Ⓐ 1 **True** 2 **False** 3 **False** 4 **True**
Ⓑ 2

## Week 28 진정한 올림픽 정신

### DAY 01

pp. 172~173

**02** 1 Imagine 2 make 3 trouble
4 chance 5 go 6 help

**03**
이것을 상상해보라. 당신은 수년간 열심히 훈련한다.
마침내 올림픽에 출전한다.
경기 도중 당신은 위험에 빠진 누군가를 본다.
하지만 당신에게는 메달을 딸 기회가 있다.
당신은 금메달을 노릴 것인가? 아니면 다른 사람을 도울 것인가?

Ⓐ 1 **True** 2 **True** 3 **False** 4 **False**
Ⓑ 2

### DAY 02

pp. 174~175

**02** 1 choice 2 as 3 race
4 place 5 stopped 6 rescued

**03**
로렌스 르뮤에게 그 선택은 쉬웠다.
르뮤는 요트 선수로 1988년 하계 올림픽에서 시합 중이었다.
경기 도중, 그는 위험에 빠진 두 요트 선수를 보았다.
당시 르뮤는 2등이었다.
하지만 그는 시합을 멈추고 그들을 구했다.

Ⓐ 1 **False** 2 **True** 3 **False** 4 **True**
Ⓑ 2

### DAY 03

pp. 176~177

**02** 1 gold 2 overall 3 regret
4 received 5 save 6 spirit

**03**
그는 금메달을 따지 못했다. 사실 그는 전체 11등으로 (경기를) 마쳤다.
르뮤는 자신의 행동을 후회하지 않았다.
그는 스포츠맨 정신으로 메달을 받았다.
그는 단순히 두 사람만 구한 것이 아니었다.
그는 전 세계에 올림픽 정신의 진정한 의미를 보여주었다.

Ⓐ 1 **False** 2 **True** 3 **False** 4 **True**
Ⓑ 2

## Week 29 상어보다 더 강한 건 무엇일까?

### DAY 01 pp. 178~179

**02** 1 toward 2 turned 3 Both 4 surface 5 mouth 6 kind

**03**
상어 한 마리가 몇 마리의 고래를 향해 헤엄을 쳤다.
고래 한 마리가 뒤로 돌았고, 둘 다 물 아래로 잠수했다.
몇 분 후 고래가 수면으로 올라왔다.
백상아리가 그것의 입속에 있었다.
그것은 어떤 종류의 고래였을까? 그것은 범고래였다.

Ⓐ 1 **True** 2 **True** 3 **False** 4 **False**
Ⓑ 1

### DAY 02 pp. 180~181

**02** 1 can 2 weigh 3 Male 4 ton 5 hunt 6 pod

**03**
백상아리의 크기는 6미터가 될 수 있다.
그들은 몸무게가 2.5톤 이상 나갈 수 있다.
수컷 범고래는 크기가 9미터가 될 수 있다.
그들은 몸무게가 4톤 이상 나갈 수 있다.
그들은 또한 함께 사냥한다. 그들은 2마리에서 15마리의 작은 떼를 이루어 산다.

Ⓐ 1 **True** 2 **True** 3 **False** 4 **True**
Ⓑ 3

### DAY 03 pp. 182~183

**02** 1 including 2 How 3 upside 4 over 5 intelligent 6 toughest

**03**
범고래는 상어를 포함해 많은 동물을 사냥한다.
어떻게? 그들은 상어를 거꾸로 뒤집는다.
상어는 뒤집히면 움직일 수 없다. 범고래는 이것을 안다.
범고래는 위험할 뿐 아니라 똑똑한 사냥꾼이기도 하다.
그래서 그들이 해양에서 가장 강한 동물이다.

Ⓐ 1 **False** 2 **True** 3 **False** 4 **False**
Ⓑ 2

## Week 30 바퀴벌레 로봇

### DAY 01 pp. 184~185

**02** 1 dislike 2 spread 3 hard 4 hide 5 pass 6 hole

**03**
대다수 사람은 바퀴벌레를 좋아하지 않는다.
이 곤충은 병을 퍼뜨리고 죽이기 어렵다.
그들은 거의 모든 곳에 숨을 수 있다.
바퀴벌레는 매우 작은 구멍도 빠져나갈 수 있다.
때때로 이것들은 자신의 몸보다 더 작다.

Ⓐ 1 **True** 2 **True** 3 **True** 4 **False**
Ⓑ 3

### DAY 02 pp. 186~187

**02** 1 side 2 movement 3 research 4 palm 5 crawl 6 through

**03**
바퀴벌레는 자신들의 다리를 몸 옆쪽으로 움직인다.
이 동작이 그들을 더 작게 만든다.
이것에서 카쉬크 자야람 박사와 그의 연구팀은 로봇을 설계했다.
그것은 사람의 손바닥 크기이다.
하지만 그것은 바퀴벌레처럼 기어다니며 자기 크기의 절반인 구멍을 빠져나갈 수 있다.

Ⓐ 1 **False** 2 **True** 3 **False** 4 **True**
Ⓑ 2

### DAY 03 pp. 188~189

**02** 1 helpful 2 collapse 3 survive 4 search 5 locate 6 Rescuer

**03**
자야람 박사는 이 로봇이 사람들에게 도움이 되길 원한다.
지진이 일어나는 동안에는 종종 건물이 무너진다.
때로 사람들은 건물 속에서 살아남는다.
자야람 박사의 바퀴벌레 로봇이 생존자들을 찾아낼 수 있다.
그것은 작은 틈으로 기어다니며 사람들의 위치를 찾아낼 것이다.
그러면 구조원들은 생존자가 어디에 있는지 알 것이다.

Ⓐ 1 **True** 2 **False** 3 **True** 4 **False**
Ⓑ 2

Memo

Memo